U0601777

左岸译丛

袜子的哲学

［法］让-克洛德·库夫曼———

著

张悠然———

译

PETITE
PHILOSOPHIE DE LA
CHAUSSETTE

深圳出版社

版权登记号　图字：19-2025-048号
Originally published in France as:
Petite philosophie de la chaussette by Jean-Claude Kaufmann
© Buchet Chastel, Libella, Paris, 2022
Current Chinese translation rights arranged through Divas
International, Paris
巴黎迪法国际版权代理 (www.divas-books.com)

图书在版编目（CIP）数据

袜子的哲学 /（法）让-克洛德·库夫曼著；张悠然
译. -- 深圳：深圳出版社，2025. 6. --（左岸译丛）.
ISBN 978-7-5507-4198-0

Ⅰ. B-49

中国国家版本馆CIP数据核字第2025NM5730号

袜子的哲学

WAZI DE ZHEXUE

责任编辑　邱秋卡
责任校对　万妮霞
责任技编　梁立新
封面设计　Celine

出版发行　深圳出版社
地　　址　深圳市彩田南路海天综合大厦（518033）
网　　址　www.htph.com.cn
订购电话　0755-83460239（邮购、团购）
设计制作　深圳市龙瀚文化传播有限公司 0755-33133493
印　　刷　深圳市希望印务有限公司
开　　本　787mm×1092mm　1/32
印　　张　7.75
字　　数　104千
版　　次　2025年6月第1版
印　　次　2025年6月第1次
定　　价　48.00元

引 言

　　这不是一部百科全书，并不能通过它了解关于袜子的一切知识。虽然袜子的历史值得写一整本书来介绍，但我只会简单讲述袜子是如何与长筒袜区分开来并自成一派的，又是如何由成群的女性无休无止地编织而成的，以及在松紧带未带来更民主的平等之前，袜子是如何被有钱人用考究的装置固定在小腿上，而穷人只能将袜子拉至脚踝处的。我将简单介绍袜子的经济——在这个时代，全球化使袜子的大规模生产迁到了中国。我也将简单概括袜子的地理问题——要知道袜子表面上的普遍性并不能抹去其地域性的特点。比如，在热带地区生活时，羊毛袜就变得难以忍受。拒绝穿袜子有时也带有抵制西方生活方式的意味。

这本书的目的与众不同，甚至有些自不量力。它无意介绍与袜子有关的一切，而是试图让袜子说出我们意想不到的东西，迫使它吐露秘密并将其变成用以分析一些世界谜团的工具。

碰巧，我很喜欢让物品开口说话。我曾通过追查衣物来解析婚姻的运作机制，也曾通过翻找女士的手提包来试图拼凑出她们的身份，还曾通过观察平底锅来理解一日三餐是如何建构一个家庭的。[1]

这次，我打算让袜子说话，而且我确信它有很多话想对我们说。

我很喜欢在调查方法中被称作"弱材料"的东西，因为它们十分少见，所以我们必须下大力气去研究；我也很喜欢未被研究的领域，因为这样就可以避

---

1 作者出版过《婚姻经营——透过衣物看夫妻关系》（*La Trame conjugale: Analyse du couple par son linge*）、《女人的手提包——一个充满爱的小世界》（*Le sac: Un petit monde d'amour*）、《平底锅、爱情与危机——烹饪有话说》（*Casseroles, amour et crises: Ce que cuisiner veut dire*）。——译者注

免淹没在无穷无尽的书目中——相关主题的文章太多了，以至于我们最后迷失在无尽的知识海洋之中。

因此，我天真地以为研究袜子能使我规避这个风险，并能让我自由惬意地思考一些几乎没有现成答案的问题。我是这么想的：我肯定不是研究这个主题的第一个人，但看完已有的研究文献一定无须花费很长时间。甚至在近期出版的一本有关情人节历史的书中，我惊奇地发现有关情人节主题的著作屈指可数，可以说几乎没有！那么，关于袜子呢？

我很快就迎来了失望。

令我失望的不是成百上千万的销售或市场营销的广告——对此我早有预料，而是我惊奇地发现袜子早已经成为哲学、精神分析学和量子物理学层面上激烈的论战主题。黑格尔、海德格尔、本雅明、弗洛伊德和许多哲学家都对袜子产生了兴趣，并将它奉为最抽象的概念发展的对象。唁，这出人意料的高层次的精神层面的发展是什么意思呢？还有，有关"袜子的解释力"的文章和图书数量如此可观又代表着什么呢?

我感到很窘迫。既然这么多的内容都已经被提及了,那我如此狂热地翻阅这些文献、贪婪地探究前人的发现,难道只能放弃提出自己关于袜子的学说的理想?

我再一次感到失望——并不是因为泛滥的文献数量,而是因为文章内容的空洞。很多时候,在夸张的标题之下,袜子很快就被遗忘了,或仅在几行影射的句子中以次要的形式出现。我又重复了好几次这样的体验,并且越来越不为夸张标题和贫乏内容之间的反差而感到惊讶。最终,我明白了这一反差反映了袜子很重要的一个特点。这些作者都敏锐地察觉到了,但他们并没有揭开谜团。他们满足于拟了一个没有后续的标题,并没有为在做出如此美好的承诺后,几乎没有或者根本没有写关于袜子的内容而道歉。

因此,我面临着不小的挑战,但它也令我的好奇心倍增:我将解开袜子的谜题!

目 录

1

第一章

在错误的路径和伟大的理念中
（穿着袜子）散步

在一步一步仔细解释之前（对于袜子来说也没有什么别的方法），我不能忽略这些文化界权威人士的研究成果，而且需要不懈地梳理他们的洞察力——尽管抽象的思维往往使他们忘了袜子才是他们思考的起点。因此，我想带你们进入一个珍奇屋，在那里，我们将迷失在一些死胡同里。然而，一条真正的道路也将由此浮现。

当我们不收拾袜子时，
2才会等于3

即使是一贯枯燥乏味且严苛的数学，也向我宣布它能够带来关于袜子的新发现。于是，渴望了解这些新发现的我，带着学术兴奋阅读了罗勃·伊斯特威（Rob Eastaway）[1]的《需要多少只袜子才能组成一双？》。我知道这本书并不具备较高的理论性，而是旨在通过生活中的例子来普及知识。尽管如此，这本著作的概要使人相信袜子能让我们明白1加1不一定等于2。看来这本书值得一读。

真令人失望！这本书主要由随笔文章组成，虽

---

1 罗勃·伊斯特威，英国畅销书作家，著有多部关于数学与谜团的图书。

然它们很有趣，但关于袜子的内容被缩减得只剩寥寥几行引言，如下：

需要多少只袜子才能组成一双？

答案不是两只，至少在我家不是。为什么呢？因为在冬季早晨昏暗的灯光下，当我打开塞满混杂着蓝色和黑色袜子的抽屉，并从中抽取两只袜子时，我可以向您保证：它们总是不匹配的。

好消息是，对于像我一样倒霉的家伙来说，如果我从中抽取三只袜子，就能确保自己穿上能配作一双的袜子。它们可能是蓝色或者黑色的，但一定是一双。因此，只消多加一只袜子就能让数学战胜墨菲定律。需要多少只袜子才能组成一双？答案肯定是三只。

"墨菲定律"根本不是数学公式，只是一句谚语。它判定事情一旦开始变糟，就将持续变糟，而可怜的罗勃将不能找到成双的袜子。虽然这一切很有趣，但它离知识诈骗——至少可以说是虚假的诺言——仅有一步之遥。这是因为，为了保证三只袜子一定能配成一双，罗勃的抽屉里只能有蓝色和黑色的相同样式的袜子。更重要的是，我们并没有学到任何关于袜子的知识。

此外，书中所举的例子选得不恰当，并不能很好地代表日常生活。事实上，只有在某种类型的家庭中，清洗晾干后的袜子才会被随意放在抽屉里，而不是成双团成小球或整齐叠放在一起。他们往往是年轻的单身男性，也可能是晚熟的单身男性。因此，这个例子唯一能带给我们的知识与罗勃的私人生活有关：他的袜子抽屉现身说法了。

然而，塞满不成双袜子的抽屉这个例子也许给了实验心理学家以灵感。他们重新使用这个例子来研究不同的群体（包括一群初中生和一群数学家）是如何看待能碰巧拿到成双的袜子这件事的——因为与罗勃·伊斯特威所说的相反，我们并不总是需要三只袜子，只需要凑巧直接拿到一双蓝色或者黑色的袜子。需要明确说明的是，为了让所有选择都完全随机，抽取袜子的人都蒙着眼睛。马虎的罗勃是如何在能看见袜子的情况下"总是"拿到错误的袜子呢？数学家们提到了"概率论"，初中生们则说全凭运气——因为他们一定和罗勃一样，有一个不太整洁的抽屉。

伯特曼教授的袜子

莱因霍尔德·伯特曼（Reinhold Bertlmann）[1]
本能为罗勃提供使他日常生活更加便利的点子。伯
特曼是粒子物理学家，致力于量子物理学的理论
研究。另外，他也很接地气地有着独特的穿衣风格
（就像一些独树一帜的艺术家和知识分子那样）：
他毫不掩饰地穿着不成双、颜色鲜艳且不同样式的
袜子，引得同僚注目，尤其是约翰·贝尔（John
Bell）[2]。1978年，他们在日内瓦的欧洲核子研究中
心（CERN）重逢，并且合作研究了量子系统的量子

---

1 莱因霍尔德·伯特曼(1945—   )，奥地利物理学家。
2 约翰·贝尔(1928—1990)，爱尔兰物理学家，以研究量子力学而著名，提出了贝尔定理和贝尔不等式。

退相干性和量子场论中的反常现象。

就这样，我们以朴素的袜子为出发点，进入了一个只有少数研究者才能掌握其复杂性的世界：他们对于无数不确定性中存在着现实的本质这一假设提出了疑问。这个问题固然有趣，但理解它的前提是要了解一些有关量子物理界热议的信息。你们一定会问，为什么呢？这是因为约翰·贝尔在1981年发表了一篇使他名声大噪且引起激烈论战的文章：《伯特曼的袜子与现实的本质》（*Bertlmann's Socks and the Nature of Reality*）。因此，约翰·贝尔的同事不成双的袜子使他在理解现实的本质这个问题上发挥了关键性的作用。这可是世界上最大的谜团之一！我当然不能错过。

在好几天的时间里，我试图破译爱因斯坦—波多尔斯基—罗森的悖论、海森堡的不确定性原理和量子重合中的隐变量。但是，我所做的一切只成功加重了侵袭我可怜大脑的重重迷雾，让自己头痛欲裂，并因此感到焦虑不安。我还记得，艾伦·索卡尔（Alan Sokal）[1]和让·布里克蒙（Jean Bricmont）[2]在他们合写的书中[3]，谴责了"智识的骗局"，就是那些敢于涉足"真正的科学"并且提出了让专家们啼笑皆非的大胆猜测的人文学者。这些专家认为只有他们掌握了真理，他们不认为人文科学属于科学的范畴，有时甚至称之为"懦弱的科学"。

那么，我们应该怎么办呢？我是否注定永远无法了解"伯特曼教授的袜子能否让我们理解现实的本质"这一令人激动的命题？这无异于打消我写一本揭开袜子秘密的书的想法。

生活有时充满着令人惊讶的巧合，因为让·布里克蒙像19世纪学校的教师一样，用他深奥的科学

---

1 艾伦·索卡尔（1955—　），美国物理学家，因其对后现代主义的批评（尤其是1996年的索卡尔事件）而为公众所熟知。

2 让·布里克蒙（1952—　），比利时物理学家，著有《时髦的空话》。

3 法语版书名为《智识的骗局》（*Impostures intellectuelles*），英译本改名为《时髦的空话》（*Fashionable Nonsense*），中译本根据英译本翻译并使用了英译本书名。——译者注

理论威慑着我，使我无法提出自己的假说。此外，作为一名物理学家，他也通过描写伯特曼教授的袜子，参与了上文提到的那场著名论战。就这样，我找到了走出绝境的方法，我将在此介绍它。但是，为了防止被针对，我将只做些简单的介绍甚至不做评价。你们想将它作何用全凭自己决定（读者有权随心所欲地畅想或者提出假设）。

一只同时是红色和蓝色的袜子

"问题的关键在于，被爱因斯坦认为荒谬的难题的分支——远程作用力的存在，事实上是正确的。多亏了贝尔，我们将用到伯特曼教授袜子的故事来解释这一切。伯特曼教授是一个总是穿着不同颜色袜子的科学家。正是这一特点给了约翰·贝尔启发，这也是他最著名的文章之一的标题和开头。如果我们看到伯特曼教授的一只袜子是粉红色的，我们将立刻知道另一只不是粉红色的。正如约翰·贝尔所说的那样，这本身并无神秘可言。但现在让我们假设，伯特曼教授的袜子和薛定谔的猫一样处于叠加态[1]。"[2]

至此，因为在袜子的基础上又多了一只猫，这就使得本来让我们觉得简单的情况变得非常复杂。我觉得必须小心翼翼地引入一些详细信息。在理论物理的论战之中，薛定谔的猫比伯特曼教授的袜子还要出名。它旨在证明肉眼可见的现实和量子视角所揭示的另一种现实之间的差距，尤其是"叠加态"——它使一只猫同时处于生存和死亡状态，也使伯特曼教授的袜子同时是两种颜色的。

在袜子的问题上，让·布里克蒙倾向于反转约翰·贝尔最初的命题。他并无恶意地认为约翰·贝尔选取了一个非常糟糕的例子，路人甲的袜子这个例子则要好得多。这个路人甲穿着相同颜色的袜子：当我们看到他有一只红色的袜子，就会立刻知道另一只也是红色的；当我们看到他有一只蓝色的

---

1 叠加态，或称叠加状态，指一个量子系统的几个量子态归一化线性组合后得到的状态。

2 出自让·布里克蒙。

袜子，就会立刻知道另一只也是蓝色的——当然，除了在量子理论的叠加状态之下。

"所以，让我们想象在量子叠加状态之下，'同时'是红色和蓝色的袜子。这时，选择袜子作为研究对象的价值就有所体现。两只袜子如我们所说的一样是'相互有关联的'，也就是说，它们都是相同的颜色（除了在伯特曼教授那里——让我们暂时忽略这个特例）。因此，在袜子的问题上，叠加态的形式是这样的：两只袜子总是**同时**是红色**或**蓝色的，但是绝不会出现一只袜子是红色、另一只是蓝色的情况。"[1]

你们明白了吗？如果不明白，也没有关系。你们和我一样，停留在可触知和观察到的现实上，即一只袜子只能是红色或者蓝色，而不可能同时是两种颜色的。然而，由此产生的讨论（它的复杂性我就不多说了）是非常严谨的，因为它们的目的是

---

1 出自让·布里克蒙。

揭示量子理论的不足。在这个证明过程中，成对的共轭这一概念是至关重要的。这也是为什么袜子是一个理所当然的例子，约翰·贝尔的著作也因它得名。事实上，没有比一双袜子更简单易懂的例子，也没有什么比袜子总是成对出现这一概念更加理所当然的了——它们摆放得如此整齐，以至于左脚和右脚的袜子看起来几乎一模一样。

然而，贝尔也列举了他的同事伯特曼教授不成对的袜子这个可笑的例子。我们将在接下来我解释袜子的"破坏效果"时，理解它的荒唐之处。我们暂时需要记住的是，虽然物理学家们在理论层面的论战中大量提及袜子，但他们仅仅将袜子当作托词。事实上，让·布里克蒙欣然承认这一点："在这里，袜子诚然是一个隐喻，但有一些实验是针对成对粒子而进行的，比如量子态既重叠又相互关联并呈现出完美关联性的光子或者（原则上的）电子。"同时是红色和蓝色的粒子在测量中变成了红色，并且使远处的另一个并没有被测量的粒子也发生了相同的变化。

在每天稀松平常的日子里，这简直太不可思议了——在我们常常难以找到成对的袜子时，只需要摸摸一只红色袜子就可以使另一只也变成红色。唉！然而，我们并不活在量子现实中，所以必须花大力气找到另一只红色的袜子并为这些不愿意组成一对的可恶的袜子而气恼。

总而言之，我带你们走上了这趟在质子和中子之间的旅行，但我们没有学到任何有关袜子的知识，而在纯粹的物理论证开始之后，袜子就像无用之物一般被丢弃了。所以，这是一条典型的错误路径。类似的路径还有很多——袜子总是大张旗鼓地出现在标题中。很抱歉浪费了你们的时间。但你们至少了解了一些物理学家在对待袜子的时候和常人并不一样，而是喜欢独辟蹊径。爱因斯坦从来不穿袜子，这也为他的大学校园增加了许多笑料。

"没有袜子，就没有爱情"

让我们继续我们的旅行，前往一个非常不一样的文化领域：在有关性学的研究中，袜子不仅仅是托词，而是讨论的对象（虽然侧重的是它的象征性和隐喻层面），这就至少确保了我们不会再踏上错误的路径——纯粹的知识思辨。

袜子在许多方面都与性相关。有时，它简单地出现在性暗示或者性象征当中。袜子是一个多义词，尤其是因为提及它就令人发笑，它映射出的是一种无害的庸俗。我们不会提防袜子，例如，许多将手机视作至宝的年轻人习惯把手机放在一个保护套里，他们通常把这个保护套称作"袜子"。套+保护=袜子。这也给了一个鼓励年轻人采取性爱保护措施的团队以灵感，他们利用避孕套和手机保护套的相似之处，发起了"没有袜子，就没有爱情"（"No sock, no love"）的运动。

"我们的想法旨在陪伴年轻人并帮助他们关注自己的身体和性行为，这也给了我们灵感去设计一个和手机相关的物件——一只袜子，年轻人可以将手机装进去，也可以在里面找到一个避孕套。'sock'在英语中的意思是'袜子'。年轻人正是用'袜子'一词来指代他们的手机保护套。对我们来说，对袜子的引用映射了它的内容物——避孕套，也就是保护措施。'No Sock, no love'是一句意思清晰且简单好记的口号。它的意思是：没有保护措施，就不可能拥有亲密关系。"[1]也就是说，没有袜子，就没有爱情。

抛开语义上的模糊不谈，人们之所以很容易把袜子和性欲等同起来，是因为在我们的集体心理深

---

1 Thierry Meunier, Sandrine Turkieltaub，《预防青少年的危险行为："无袜不爱"和"SAS通行证"运动》，2012。

处，我们模糊地认为它们之间一定存在着关联。一个世纪之前，弗洛伊德本人研究过这一点。他并没有撰写过关于袜子的著作。就像物理学家约翰·贝尔一样，弗洛伊德也满足于提出一个看法。弗洛伊德的这个看法很快就大受欢迎，并在之后被无数次引用。就这样，弗洛伊德的袜子也体验了它们的明星时刻。

更确切地说，出名的是弗洛伊德的两个奥地利同事鲁道夫·莱特（Rudolf Reitler）和维克多·陶斯克（Victor Tausk）的病人的袜子。莱特的病人有强迫症，他会不停重复穿脱袜子的动作。陶斯克的病人则患有幻想症，他会花很长的时间拉长自己的袜子，并观察网眼是如何扩大的，然后才穿上它们。弗洛伊德的诊断令人无法反驳：脚是阴茎的象征，而莱特的病人是在模拟自慰的过程。至于陶斯克的病人，"在他穿袜子的时候，他被自己需要拉伸网眼——也就是编织品的洞——这一点困扰。对他来说，每个洞都是女性性器官的象征"。我们所穿的袜子使人想起阴茎，破了洞的袜子则令人想起阴道。

袜子的一切都能和性产生关联。看过弗洛伊德的著作之后，南特的博主阿涅丝变得心神不宁："今后，每当我打开装袜子的抽屉，都会觉得自己在做一件很下流的事情，毕竟这么多性感的物品被陈列在这里。"

对袜子的迷恋

　　请不要忘记，我们在此讨论的是袜子的象征意义，而袜子本身并不是一件性感的物品。对于恋物癖者来说，情况就不一样了，他们将某一物品放在他们迷恋情绪的中心。对于恋袜癖者来说，世界上没有比袜子这个圣物更重要的东西了。恋袜癖者的人数虽然没有恋足癖者或者恋鞋癖者那么多，但确实大有其人。他们和恋足癖者和恋鞋癖者相似，也自成一派。

　　"为什么恋足癖者和恋女袜癖者如此普遍？"一位专家如是问道。弗洛伊德的象征化推理为此提供了一种解释——它说明了一切，无须加以解释。[1]
但是，在细心观察之下，我们会看到某一物品的特性是如何导致其成为被崇拜的对象的，而每一个恋袜癖者都有自己隐秘的偏好：有的是破了洞的袜子，有的是肮脏的袜子，有的则是发臭的袜子。我没有想到这项调查会把我带到这个奇怪的领域。在这里，平日里会让家庭主妇尖叫的东西摇身一变，成了享受和快感的源泉。

　　但是，这正是袜子的特质之一。我们将在阅读过程中更好地理解这一点：袜子经常会令人诧异地变成它的对立面。有个恋袜癖者在一个论坛上如是讲述："大家好。从很小的时候开始，我就被别人的袜子和它们的味道吸引。当别人脱袜子的时候，我总会试图把它们悄悄拿走，然后……嗯……用来取悦自己。9月以来，我会定期去一个女人家里，她允许我闻她的袜子，并同时亲吻和拥抱她。这是

---

1 语自意大利精神分析师、哲学家塞尔吉奥·本维努托。

一次美妙的邂逅。我也接受男人。我并不寻求进入正题，而是在一个人的怀抱里玩弄她的袜子并亲吻她，以此度过一段非常美妙的时光。至于气味嘛，我并不期望袜子有很重的味道，只需要有那个人的味道就够了。"

当竭尽全力也找不到袜子，并为它不明不白地消失而感到气恼时，不妨告诉自己，可能是一位恋袜癖者在此经过并悄悄拿走了它，用来满足自己的性冲动。但一些人并不敢偷窃，或者不知道该怎么偷（请记住，一只崭新的、没有被穿过的袜子没有任何意义，一个恋袜癖者不会在商店购买他的性幻想对象）。

就这样，作为潜在需求，使用过的袜子成了一门货真价实的生意：这给了罗克茜·赛克斯灵感。罗克茜是一个33岁的英国人，她声称自己通过出售穿过的袜子给恋袜癖者，一年能赚11.5万欧元。她把自己袜子的照片挂在社交平台上出售。一双穿过的袜子平均售价是23欧元。她的生意是如此红火，以至于她雇用了其他想进入恋袜癖行业的模特。在袜子生产被大量外包到中国、我们正在考虑回迁工业的可能性的时代，这对经济部部长来说也许是一个很有利的点子……

但在恋袜癖者的世界里，并非一切都是美好的。我们的第一反应是想笑，但一些恋袜癖者有着一点也不有趣的倾向。他们不是完全被用过的物品吸引（更别提气味了）。不，他们所感兴趣的是稚嫩的年轻女孩，甚至是非常年轻的女孩。这时，我们所面对的就是一个非常有问题的领域，它常常让人们忽视背后的恋童罪行，原因很简单，袜子使人安心并且让人高兴——和往常一样。

来看看这则某地媒体报道的新闻："在第戎，恋袜癖者又重出江湖了。"一个穿着"Hello Kitty"图案袜子的12岁小女孩正骑自行车回家。此时，犯罪嫌疑人骑着自行车超过了小女孩，并威胁她如果不立即把袜子给他，就会殴打她。受到惊吓的小女孩照做了。"当她告诉我事情的经过时，我先是笑了，我想，'这是在开玩笑吧'！"女孩的父亲说道。他随即镇定下来，并意识到了事态的严重性，"对我们来说，这首先是一起伤害事件，对我们的女儿来说也是。她并不理解为什么那个人要问她要她的袜子。"警察搜查了犯罪嫌疑人的家，并在他的抽屉里发现了6双小女孩的袜子。

　　袜子并不总是能让人发笑，因为一些人会以它的名义犯罪。

童年的记忆

　　虽然关于袜子在性方面的推论肯定还有许多话要说，但我必须就此打住，因为我们要继续我们的旅程，去发现袜子在其他领域的秘密。在看过数学、物理和精神分析法之后，现在，是时候看看哲学界对袜子有着什么样的思考了。我们将从瓦尔特·本雅明开始研究。

　　学者往往从一段引起他们注意的个人经历开始对袜子进行思考。我们将看到约翰·贝尔为他同事不成双的袜子所惊讶，黑格尔忙于研究破洞的袜子（和弗洛伊德的研究不同，这里的袜子并不包含任何性暗示），本雅明则想起了对他影响深远的童年记忆。他记得自己在装袜子的抽屉前无止尽地摆弄和沉思，把一双双团成小球的袜子拆开再进行整理。（为了证明墨菲定律，罗勃·伊斯特威应该阅读本雅明的著作！）对本雅明来说，这是一个诱惑力无穷的游戏，让他感到愉悦，也给了他思考的空间。当年站在袜子抽屉前时，他浑然不知自己未来的一些哲学概念早在那时就已成形。

他所实验的是这样的想法：在被同一个术语（袜子）连接起来的两个现象之间有一种对立，而造成对立的唯一事实就是展开或者折叠这个物品。"在我看来，没有比把自己的手放在袜子最深处更愉悦的事情了。这不仅仅是因为这个小口袋让我感到了羊毛的温暖，而且把手蜷伸进袜子内部的'带着'（l'apporté-avec）体验如此深深地吸引了我。"这个他能够轻松放在手中的小球如同一个完美的整体，它隐含着一个秘密——另一个现实，而在展开袜子时，他就能揭开谜底。"展开小球的动作同时展示并摧毁了它的魔力。"[1]这是因为形式和内容所构成的统一性消失了。

这个奠基性的实验使本雅明得以强调文学批评的困难。在进行必要的分析工作时,文学批评家们也创造了无尽的文本碎片,破坏了作品统一性的另一个入口。更宽泛地说,这个儿时的袜子游戏以隐喻的方式被转化为对启蒙思想,尤其是对康德哲学的解构主义的尝试性批评,也勾勒出"一个能同时包含经验的宗教维度和历史维度的高级认知概念"[2]。

在袜子抽屉的场景中,"宗教对应的是孩子把手放到羊毛袜里并感受到了它的神秘之处——形式和内容的集合或者联系。历史对应的则是游戏结束时的体验,在徒劳地试图去除他背包里的'带着'体验之后,他面对的只是一双普通的袜子了。"

在这个时代,我们可以质疑"西方理性的失

---

1 见帕特里夏·拉瓦勒在2005年发表的文章《宗教和历史:本雅明的经验概念》。

2 同上。

败"：在还没有把一切权力都交给无意义的算法独裁时，它就已迷失在盲目过度的专业化中。事实证明，瓦尔特·本雅明的看法是极具现实意义的。但是，我们该如何找回一种既能维持统一的意义——展开的袜子球的魔力——又能展开分析步骤的智慧呢？本雅明梦想着一种能够与历史指涉相结合的世俗性神秘。

早在一个世纪之前，提出同样问题的弗里德里希·海因里希·雅各比（Friedrich Heinrich Jacobi）[1]给出了不一样的答案：**只有**超验的感知能够使人避免陷入狭隘的唯理主义的困境之中。那么，在得出这个令人难以置信却又正确的观点之前，雅各比又是如何展开他的论证的呢？早于本雅明一个世纪，在写给费希特（Fichte）[2]的一封重

1　弗里德里希·海因里希·雅各比（1743—1819），德国哲学家，致力于揭露虚无主义盛行造成的负面影响。

2　约翰·戈特利布·费希特（1762—1814），德国哲学家，德国唯心主义哲学的主要奠基人之一。

要信件中，雅各比也用了袜子举例！但是，雅各比的童年回忆很无聊，他并没有袜子抽屉。在19世纪初，袜子仍然由家庭主妇编织而成，而袜子露出的线头给雅各比留下了很深的印象。一不小心，这根线头就能让一只袜子化为乌有。与毛线能拆掉袜子一样，狭隘的唯理主义引向的是虚无主义。面对虚无，袜子被置于近乎超验的现实的光辉之中，既有了骄傲的举止，也脱离了庸常！

黑格尔的破洞袜子

不管怎样，我承认我有些失望。虽然袜子不再默默无闻，进入了盛大的哲学论战的前场之中，但我们并没有因此更了解它。就像在数学和量子物理中一样，袜子在哲学中的命运也非常荒谬：在提供了思考价值之后，袜子如同一件无用的铜箔被遗忘了。我并不认为哲学不懂得如何贴近生活，因为这不是哲学的使命。但是，如果说袜子提供了思考价值，这可能是因为它本身就具有研究价值，而不仅仅被用作隐喻。领略了这些卓越的思考之后，我们需要回到袜子本身，并且运用这些雄辩的概念来向它提问。

黑格尔在这方面可以帮助我们。他也对袜子进行了哲学思考,当然是以一种非常辩证的方式。可惜的是,到了最后,他也在自己出色的论证过程中将袜子遗忘了。虽然黑格尔的思辨从袜子出发,却并未回到袜子本身,但和前人不同的是,他思考中的抽象素材能够有效地帮助我们看清袜子的谜团。黑格尔并不知道他朝这个研究方向迈出了第一步。

让我们来关注一下事实。在黑格尔的思考中,没有被拆掉的袜子,没有童年的回忆,没有袜子抽屉,也没有某位同事不成双的袜子:他感兴趣的是破洞袜子。为了知道他是如何对此产生兴趣的,我做了一项调查。是因为一次观察,或是一次个人经历吗?黑格尔和他的袜子之间又有什么样的关系呢?袜子给黑格尔带来了什么问题吗?虽然我很努力地做了调查,却一无所获。伟人琐碎的日常生活常常不为人知,更不用说是最庸常的事情了——没有比袜子更庸常的东西了。

这迫使我动用自己的想象力。毫无疑问,黑格尔时而会看见自己的袜子出现了破洞。无论如何,这可能发生在任何人身上，即使是最伟大的智者也不例外。这当然是一件令人不太舒服的事情。如果袜子仍然藏在鞋子里，事态也并不是很严重。但是，对于黑格尔来说，这是一次顿悟。他很快忘记了不适的感觉，取而代之的是他的新发现所带来的激动：对于脚上穿着袜子的思考主体来说，袜子因为破了洞而存在，并且进入了他的意识之中。

黑格尔关于袜子的言论（和其他关于袜子的言论一样）开始变得有名，人们称之为"耶拿格言"（Aphorisme d'Iéna）："修补过的袜子比破了的袜子更有价值，但这并不适用于自我意识。"这是因为自我意识只在撕裂中产生，它促成了"我思"（cogito），形成了新的统一。不合常理的是，这个裂缝催生了关于袜子的思考，而修补过的袜子则使它消失了。

1968年，海德格尔在法国举办了一场研讨会，他的演说正是以其对黑格尔名言的评论作为开场。自发性的自我意识关涉日常生活中的事物，与常理

（sens commun）保持一致，他试图推翻黑格尔的那句名言，并认为修补过的袜子比破了的袜子更好。但是，对于黑格尔来说，现代哲学的中心问题是辩证反思思想，它通往更高层次的自我意识。破洞袜子关涉着进入"我思"状态并让我们进行反思，它使一种智性辩证进入运动状态，同时让袜子出现在完全的意识之中。

我们能够由此想到：黑格尔并不亲自缝补他的袜子，而做这个差事的女人在面对这个"我思"时并没有那么高兴。但是，我们必须记住这一点：袜子在跳出庸常状态后，能够进入人的意识。只有在袜子跳出庸常状态、普通状态时，它才能够进入人的意识。这是解开有关它的谜题的关键之一。

第二章

庸常者与被嘲者

庸常的社会建构

一件物品是如何变得庸常的？操纵这件物品的动作又是如何变得无意义、无意识且不经思考的？人们可能会认为这件物品本身就是无关紧要且庸常的，但事实并非如此。庸常是在一个极度复杂和精准的建构过程中产生的。没有任何一件物品生来就是庸常的，而是社会机制使然。袜子本可以拥有截然不同的命运。

一切始于更宏大的社会现实建构。社会建构不是（或者不完全是）客观存在的，而是为了确定共识所进行的常态化交易的结果。这些共识能够确定什么是"正常的"（normal），什么是不正常的，而"正常性"（normalité）则逐渐被人们公认是显而易见的，也就是现实。

举个例子，我们都同意在法国靠左行驶是违法或者是不应该的。我们应该靠右行驶，就是这么简单！这就是现实。然而，这一惯例是长久辩论的结果，我们只消跨越英吉利海峡就能完全反转它。我们一致认为日常饮食中应该避免摄入过多的糖分和脂肪，并应多吃绿色蔬菜和水果。然而，一个多世纪之前的医嘱则完全相反（那时认为应该摄入糖分和脂肪，并避免食用绿色蔬菜）。这样的辩论每天都在进行，与我们息息相关，主题无穷无尽而且五花八门。在我们看来似乎显而易见的事物实际上是以某种方式制造出来的，以至于它**变得**显而易见，让我们相信它无疑是真实的，肯定是真实的。

社会学家彼得·柏格（Peter Berger）和托马斯·卢克曼（Thomas Luckmann）认真研究了现实的社会建构过程，将现实的社会建构过程分为两个级别。在最显而易见的级别中，公开辩论的结果是确定为公众认可的法规或者信仰。然而，更加深层且不引人注目的级别则催生了更严酷且不容置疑的现实，它影响着生活中最简单和最稀松平常的行为。"在多种现实中，其中一种现实表现得最为卓越，那就是日常生活的现实。它优越的地位让它获得主权现实之名。"它"以极度强大、迫切和强烈的方式征服了意识"。

在日常生活中，我们还可以根据不同的密度对社会的建构过程进行分级。处于最底部的是庸常之物，它从不引人注目，甚至完全隐形。但这份低调具有欺骗性，因为这正是庸常之物的强大之处。随着时间的推移，当我们忘记庸常之物时，它就变得更加显而易见，并成为其他更脆弱现实的基础。

在这一点上，黑格尔是错的。确实，破洞袜子可以让人接近"我思"。但相对于庞大的现实社会建构过程，一个人的"我思"又有多重要呢？它只如轻飘飘的想法一般微不足道，而庸常之物却有铅般的密度。看似普通的袜子奠定了我们文明的基础。

可以试着向一个刚开始学习知识的小孩抛出袜子的认识论问题。对他们来说，穿好鞋子并不是很大的挑战，只需分辨左右即可。但穿好袜子则需要数月的辛苦练习以及很高的灵活度，因为袜子的后跟会经常跑位。

"一开始，孩子会有些笨拙，可能会因为不能自主穿好袜子而烦恼，但我们应该鼓励他。"[1] 在这段时间里，孩子唯一想做的就是摆脱黑格尔的"我思"：他的梦想是让袜子消失在那些让生活变得更加容易的习惯性动作中。成长过程中，孩子逐渐让袜子归于普通与平凡，成为生活的基础。

---

1 参见https://www.parents.fr/bebe/eveil-et-developpement/
l-evolution-de-bebe/l-aider-a-grandir/apprendre-a-son-enfant-
a-shabiller-seul-78827.

我们需要熨烫袜子吗?

当袜子出于某种原因突然被我们想起时,它会立刻制造出一种意想不到的效果,并激起强烈的情绪:烦恼、愤怒或大笑。与不会如此深埋在庸常之中的其他物品相比,这种反应更加强烈,人们也没有想到袜子会在他们的思想中占据如此重要的地位。我们迫不及待地想使它重新隐形,将它放回它原本的位置。

此外,应该在哪里存放袜子是一个非常有趣的问题。袜子必须按照日常生活的秩序被放在一个固定的地方,以避免人们产生疑问,而这并不总是容易的(除非它们在脚上),因为它们在一些情况下可以占据多个位置(脏兮兮地堆在一起、被随意扔在地上、躺在洗衣机里、被晾在绳子上、在待熨烫的干净衣服堆中或被摆放在抽屉中）。这就是为什么当一只袜子失去它的孪生兄弟时就会发生戏剧性的场面，迫使人们迎接难以承受的心理压力。

对于袜子来说，最理想的状态是永远不引起"我思"。它们始终在"自己的位置"上。在使用后，人们需要清洁它们。那么，什么时候应该清洗脏袜子呢？一般情况下，我们会在一瞬间毫不迟疑地做出决定。对一些人来说，这可以通过遵循严格的惯例来实现（比如，每次使用之后在晚上进行清洁）。

对于其他人来说，还可以通过使用一种非常简单的气味测试来决定：只需要闻一下袜子的味道。一旦袜子被送到洗衣机中清洗，就必须要保证不和自己的双胞胎走散。在晾干之后（我们应该认真地将它们成双地晾干吗？每个人都有自己的原则，重要的是不去质疑它们），熨烫的问题就出现了。熨烫袜子？您一定是在开玩笑吧！您可能会说，这是什么奇怪的主意！但请等一下，我需要进一步解释一些事情。

衣服是否需要熨烫并不是一个需要公开讨论的问题，因此，在现实的社会建构中，人们也并没有就这个问题达成共识。每个人都有自己的原则，专属于他一人的秘密现实，而且不同的家庭之间也存在着诸多差异。在一项关于家务的调查中，我发现了这一点。有的人熨烫所有的衣服，有的人则不熨烫任何衣服，而在这两个极端之间的人所选择熨烫的衣服也都不相同。

当我问一个人为什么要熨烫抹布或者袜子时，他会毫不犹豫地回答："因为就要这样！"有些习惯已融入了他的生活，无须思考，身体就会自动做出反应。"就是这样！"而质疑这些确定性的事物可能会动摇他人格的基础。此外，当我重复我的问题（"但是，为什么呢？"）时，对方就会立刻用干巴巴的语气回答："之所以这样，就是因为这样！"调查员先生，走开吧，您问我任何问题都可以，甚至有关性和金钱的也无所谓，但是，有些事情必须保持私密性，因为它们对我来说是秘密。我熨烫我的袜子，我也必须忽略这背后的原因。

一些衣服被熨烫的次数非常多，比如衬衫（虽然熨烫的方式不一样，但我遇到过的一些女性——大多数时候都是她们在熨衣服——并不会熨烫腰以下的部分）。相反，袜子则通常是从烘干机拿出来后就直接被放进收纳柜的物品之一。然而，仍然有很多人熨烫袜子，由于他们是少数派，在聊天或者在不同场合遇到其他人时，他们的基本信条常常受到质疑。"熨烫袜子？你是在开玩笑吧！但为什么要这样做呢？"这时，在受到质疑后，那个熨烫袜子的可怜人就会绝望地寻找不存在的理由。"我不知道，就是这样。"

帕特里夏曾遇到过这种充满质疑的嘲笑和批评，这类声音通常都来自她的丈夫。他因为很少做家务而感到羞愧，所以想通过这样指责帕特里夏来消除罪恶感。"他会说：'这太可笑了，袜子可以直接叠起来。'"帕特里夏因此产生了思想斗争，熨烫袜子则变得越来越令人难以忍受，因为她开始考虑熨烫袜子是否真的有必要。她失去了往日的平静，那时，她的理念是极端的——熨烫所有的衣物，她完全没有怀疑过自己的理念。"以前，我熨烫所有的衣物：内裤、袜子，所有的东西！"她从未对此产生过怀疑，甚至在自己都未发觉的情况下，即在青春期就建立了自己的标准。"这是家庭传统，因为我母亲也一直这样做。……现在，她来看我的时候，如果我不熨烫袜子，她就会受不了！"在很长一段时间里，帕特里夏都在抵制她的丈夫，现在，她则需要抵制她的母亲，她突然改变阵营这件事让她的母亲变得脆弱。但是，帕特里夏发誓她将永不回头，她觉得自己在生活中取得了进步，并变得更加轻松了。有时，我们需要从袜子中解放自己……

手提包和袜子

袜子不是唯一被深深埋在日常生活的寂静中的物件，与它相伴的还有平底锅、扫帚，或被我们忽略的疲惫不堪的拖鞋。但袜子以其惊人的庸常性在一众衣服和配饰中独树一帜，而其余的衣服和配饰通常有另一种更加多彩的生活，因为它们构成了我们呈现在他人面前的形象。以手提包为例，从某种程度来说，它也在日常生活的潜意识的作用下成为我们自我的一部分。在理想状态下，我们的意识可能会被最普通不过的日常活动困扰。因此，当我们把手伸进包里寻找钥匙或者手机时，原本简单的事情变得复杂起来，我们就会因此感觉到恼火。

简很恼火，因为她在火车上总会遇到同样的事情。"那些受惊的女人在包里不断翻找，却始终找不到响个不停的手机，这真的太可笑了！我觉得她们很没用。然后轮到我了，情况完全一样。电话不停地响，我生气了，并把所有东西都拿了出来，却仍然找不到那该死的手机，就好像它故意躲起来了一样。我意识到大家肯定都觉得我是多么没用。这太糟糕了！"

但是，和袜子不同，手提包有着完全不同的生活。与在庸常中被遗忘的袜子相反，它有时会照亮思想和梦想，并释放出动人的情感，例如当我们背着它在镜子前自我欣赏或者第一次遇见它时。在讲述自己与包包的故事时，佐伊选择用包的名字来作为自己的化名。"我的包既是一段爱情故事，也是一次真正的相遇。我在一家网店欣赏了好几个月这个灰色的'佐伊仙女'包。但这个令我疯狂的物件竟然要180欧元……于是我将它忘记了。但这场遗忘就像忘记初恋一样……我只是将它藏在了脑海中的某一个角落。然后，一个10月的周日，在一个旧货市场上，我看到了它！它就躺在破旧鞋堆旁的一个纸箱里，我拉了拉那条褪色的布带，然后……我们认出了彼此！'10欧元。'卖家对我说。我用比幸运路克[1]还快的速度掏出了钞票，然后满脸通红地紧抱着这个宝贝走了！"一只袜子可不会引发如此疯狂的爱。

　　袜子很少展现自己，它总是很低调，存在的意义几乎就是被遗忘。它代表着平凡中最平凡的物品。而当它开心地出现并朝象征荣耀和价值的世界迈进时，它几乎会立刻被污名化，并被归为最低贱和最可鄙的一类。虽然袜子也可以引发"我思"，但黑格尔的破洞袜子穿着不舒服，而且被别人看到时也会令人感到羞耻。袜子似乎汇集了一切龌龊的特性。在我们找不到它的同伴时，它使我们心烦意乱；在丈夫下班回来将它随意扔在客厅中央时，它使我们恼火；并且，很抱歉，我不得不说：它有时

---

1 幸运路克，一部比利时漫画里的主要人物，在法国家喻户晓。

会散发出难闻的气味。

我还记得一位老太太。当时,我正在做一项关于爱情初夜的调查。对她来说,那已经是很久以前的事了。那是她举办婚礼的当晚,但她的记忆却异常清晰。她的记忆与情感、情绪、对性的探索、焦虑和喜悦并无关系。她的记忆是关于袜子的。当她的新婚丈夫脱掉袜子时,她被强烈的味道震惊了。"我当时想:'啊,他的脚好臭!'"无论好坏,她一生都要与这些问题袜子为伴了。

耶稣的袜子

袜子的地位很低。客观地说，这就是它平时所处的位置，因为它被穿在脚上。从象征意义上说，确实没有比袜子更低贱的物品了。

在我们这个追求平等的社会（事实上一点也不平等），人们选择通过亲吻脸颊来打招呼。但过去的几个世纪，在用亲吻打招呼时，人们会根据对方的社会地位来亲吻身体的不同部位。地位相同的人（比如中世纪的骑士）在某些场合会通过亲嘴来打招呼。但如果两人的社会地位悬殊，级别较低的人就需要弯腰并亲吻较低的部位：前胸、手、膝盖，最后是代表绝对从属关系的脚。

在长达几个世纪的基督教文明中，人们脑海里一直有一幅名副其实的人体各部位的象征示意图。教皇的嘴处于价值最高层，因其吐露神的话语，是最接近真理的纯洁和圣光的。最卑鄙无耻的是魔鬼，它的屁股则更低一等。教皇的嘴和魔鬼的屁股（这两个表达在当时并不粗俗）似乎覆盖了整个意义宇宙。但还有比屁股位置更低的部位，它虽然没有屁股下贱，却因为其缺失的意义而更加可鄙，那就是脚。世界上没有比脚的位置更低的东西了。

　　脚常被轻视，而当袜子因为一些偶然事件出现在我们眼前时，我们会竭尽全力将它送回黑暗之中。没有什么比耶稣失踪的袜子更能说明这一点了。"根据基督教的传统，圣帕（mandylion）是圣女韦洛尼卡或贝蕾尼丝在去各各他的路上用来擦拭耶稣脸上的汗的布，因此上面留下了耶稣的面容。"[1] 这一宝贵的圣物曾先后保存在君士坦丁堡和

---

1 参见让-路易·巴凯-格拉蒙发表于2013年的文章《埃夫利亚·塞莱比旅行报告中的总督帽和圣袜》。

巴黎的圣礼拜堂中，但在法国大革命期间的抢掠中消失了。然而，根据奥斯曼学者埃夫利亚·塞莱比（Evliyâ Çelebi）著名的《旅行书》所写，在他的时代，还有另一件圣物被保存在第一件圣物被发现的城市乌尔法。它并不是面容的印记，而是一只"神圣的袜子"。

它真的是耶稣的袜子吗？还是一件用来保护耶稣脚的毛线织物？这个问题目前仍没有答案。但重要的不是这一点，而是这只袜子（或者说这个看起来像袜子的物件）后来消失了。人们合法争夺的圣物只和身体或者面部有关。"除非我错了，否则便是被认为是耶稣圣物的袜子并不存在。根本原因在于，圣物在物质上对应的是肖像和绘画中的服装和象征。耶稣是圣人，所以他总是以赤脚的形象出现。袜子不是神圣的标志。"[1]

1　参见让-路易·巴凯-格拉蒙发表于2013年的文章《埃夫利亚·塞莱比旅行报告中的总督帽和圣袜》。

在某些情况下，脚的处境还不错。"在与脚有关的事情上，拜占庭人崇拜耶稣的凉鞋以及耶稣用来为门徒擦脚的布或毛巾，当然还有洗脚盆。"但他们从来不崇拜袜子。袜子完全位于神性的反面。

无套裤汉[1]的过错

　　当袜子设法摆脱黑暗时，它的悲惨命运就是被污名化。这种处理方式是如此理所当然和约定俗成，以至于甚至无须费心去解释有关污名化袜子的表达方式和谚语形成的原因。劣质咖啡如同"袜子汁"[2]一般淡而无味；人们失去生活的趣味时，"心情如同在袜子堆中一般"[3]；人们抛弃一个朋友，"就像扔掉一只旧袜子"。

　　但是，事情并不总是这样的。很久以前，袜

---

1 无套裤汉，又称"长裤汉"，是18世纪末法国大革命时期对城市平民的称呼。当时，法国贵族男子盛行穿紧身短套裤，膝盖以下穿长袜；平民则穿长裤，无套裤，故称无套裤汉。

2 法语中，jus de chausette（袜子汁）意即"劣质咖啡"。

3 意即"情绪低落"。

子更受重视。它们甚至有过辉煌的时刻，特别是在中世纪和文艺复兴时期的男性身上。当时，它们仍旧以紧身长袜的形式出现，一直延伸并被固定在马甲、宽松的短裤或者路易十四的条纹长裤上。事实上，在那个时候，人们很难将它们和长筒袜区分开来，而当长袜由丝绸等稀有织物精细地编织而成时，它们更容易被归类为长筒袜，甚至被直接称为"长筒袜"。因此，长裤可以看作长筒袜和袜子的祖先。重要的是，它们被骄傲地展示出来，像其他华丽服饰一样，是社会阶级的标志。一双漂亮的长袜可以体现一个人的社会地位。

这段辉煌的时期在法国大革命时期突然结束。无套裤汉不仅废除了特权，而且彻底改革了衣橱。贵族们穿镶边短裤和长袜的时代一去不复返。无套裤汉们的品位十分具有现代性和开拓性，他们强制大家穿长裤和卡马尼奥拉服（短夹克）。突然间，脚踝和脚失去了保护，于是真正的袜子就自然而然地成了必需品。同时，它也随之永远被埋没在平淡无奇的阴影中。

之后，随着时间的推移，袜子在平淡无奇中越陷越深。当袜子还是由手工编织而成的时候，制作者们可以谦卑地为自己的好作品感到自豪，即使她们只是简单地修补它们。而且，她们所制作的少量袜子仍然给她们带来了一些价值。袜子的工业化生产使女性从这项家务劳动中解放出来，人们对袜子仅剩的关注也随之消失。起初，袜子仍旧保留着些许过往的辉煌。1862年，当多雷多雷（Doré Doré）公司推出自己品牌的袜子时，长袜和短袜仍处于平等的地位。但随着20世纪广告业的起飞，短袜很快就被边缘化了，就连"教士穿的长袜和骑自行车穿的长袜"都有幸被展示在海报上。相反，短袜则越来越少受到关注。

在如今这个时代，袜子出现一点点破损就会被扔掉。它们的重要性仅由它们在亚洲大规模生产条件下的价格来衡量。事实上，它们在亚洲有时仍然受到些许的欢迎。例如，在中国益阳，这个城市自一个世纪以来就专门从事袜子的制造（最初是专门卖给西方人的）。许许多多家庭赖以为生，因此也格外珍视袜子。有几位老员工通过努力，现在成了企业领导者，她们社会阶层的提升主要归功于她们对袜子的了解。在世界另一端这个极为少见的地方，袜子仍然非常珍贵，并且主导着人们的思想。

Netflix[1]的智能袜子

　　在法国，无论是从生产、销售还是个人使用的角度来看，袜子通常都无足轻重，而一旦它有了极小的瑕疵，就会遭受污名化。当袜子被人们注意到时，就会引发各种负面反应，而且这些反应在具体描述时非常多样化。在最直观和最令人不愉快的感官体验中，袜子的污垢和臭味最能引起厌恶、恶心，一发不可收拾，甚至会引起对整个人的排斥。"我并不是因为他的袜子而和他离婚的，"梅露丝娜告诉我们（她不希望自己的真名被公开，这

---

1 Netflix，美国奈飞公司，简称"网飞"，是一个推行会员订阅制的流媒体播放平台。

个问题很敏感！），"但我必须承认这一点确实令人厌恶。我不知道他对袜子做了什么，当我拾起他的袜子时，它们甚至是黏糊糊的。最大的问题是我不得不收拾它们。说实话，这是个不折不扣的爱情杀手……"除了袜子的气味，袜子与地面的接触有时也会使一些心理脆弱的人紧张，他们有极端的洁癖，例如那些无法碰触自己的袜子的强迫症患者。

但是，在大多数情况下，袜子的污名化带来的是嘲笑、鄙夷和对所谓有罪者的贬低，因为其品位低劣或社会地位低下。这就是袜子奇怪而悲惨的命运。从客观上来说，它位于人类身体的最低端；在象征意义上，它被扔到了社会价值的最底层，当袜子被用于社会阶级斗争时，它就变成了贬低他人的工具。糟糕的袜子完美地体现了能拉低人档次的一切因素。

当袜子一反常态地向上移动时，它的某种悲剧性命运会使它重新跌落。看看智能袜子，它凭借这项技术创新的魔力认为自己已经成功地扭转了污名化的势头，并可以自称为未来的象征。有的智能袜子可以测量慢跑的节奏，有的则可以让窝在沙发上看剧的人连接到Netflix上播放的系列节目。"Netflix紧跟智能设备和智能衣物的潮流，想出了一个制作以各种网络电视剧为主题色的智能袜子的DIY在线教程，比如《纸牌屋》《女子监狱》《毒枭》《夜魔侠》或《至亲血统》。"

智能袜子不仅有着非常时尚的外观，而且具备现代社会中至关重要的功能：让人不错过任何一集电视剧。"这些智能袜子非常适合监测一个人是否正在打盹。基于'死亡人'的原则，这些全新的设备可以检测到一个人是否长时间不动或有打盹的迹象，并将信号传递给电视机，以暂停他最喜欢的电视剧。当他醒来时，就可以继续观看电视剧，而不会错过任何情节或结局。人类的进步绝对是无止境的！"

唉，我忍不住叹气。这个本来可以彻底改变袜子形象的美妙发明，偏不巧出现在人们对智能设备存疑的时候。智能设备正被指责窃听并收集我们的个人数据。你愿意让Netflix了解自己的一切吗？你喜欢穿上不时髦的旧袜子安静地打个盹吗？有时候，未来的趋势可能需要回归到一些稳妥的价值观，这让想扶摇直上的袜子冒着被谴责的风险。

看看银纳米制作的袜子吧。银是珍贵的金属，虽然不像黄金那般珍贵，但仍然是珍贵的。银纳米颗粒具有杀菌功效，因而可以用于清除令人讨厌的气味。对于被推到现代化技术前沿的袜子来说，具备消毒和除臭的功能不是一件很幸福的事吗？不幸的是，这项发明本该改变袜子的形象，却很快因为袜子洗涤时对环境造成的严重污染而被谴责。"根据法国环境与劳动安全卫生局的计算，在法国，如果有10%的袜子含有纳米银，每年将有18吨纳米银被排放到地表水中。"这样看来，保留普通的老式袜子显然更为明智。

请看看英国和意大利研究人员的绝妙创意：他们找到了一种方法，通过袜子让我们步行时的简单动作来产生电力。但是，这个装置中巧妙放置的细菌电池是由一个小小的尿袋供电的。尿液在我们的袜子里！这将使袜子的污名化达到顶峰！

当生活和袜子息息相关

当袜子罕见地获得片刻的荣誉时，它们很快就会重新陷入无名之境，甚至更糟，坠入社会边缘的深渊。在社会最底层，袜子可能会成为受排斥的客观标志。这不仅仅是污名化导致的恶意（人们通过嘲笑别人的袜子来增强自己的自尊心），而且是在社会崩溃到一定程度并威胁到人类存在的合法性时，袜子的良好状况就悲剧性地变成了做出最后抵抗的工具之一。破损的袜子标志着尊严的丧失，以及期望得到他人认可的希望的破灭。命运受到过威胁的人都知道，当他对自己的袜子不管不顾时，他就已经彻底失去了一切，并再也无法翻身。

让我们开始讨论可怕之事的最坏情形，即在社会流动中完全地自我放弃了。这是不可想象的——我几乎不敢发表下面的文字。精神分析师帕特里克·德克拉尔克（Patrick Declerck）调查了街上流浪汉的极端情况。有些人好几个月都不换袜子，这可能会引起严重的健康问题。"袜子真正成了皮肤的一部分，或者袜子的松紧带切断了所有的肌肉，外科医生在胫骨旁发现了它。"当然，需要说明的是，这种情况非常少见，但这足以说明袜子所带来的风险，并证明为什么回归生活可以从袜子开始。在某些极端情况下，袜子甚至成了关乎存在意义的斗争。

所有经历过生活困难的人都知道，在最艰苦的条件下，懂得如何安排洗涤衣物也是至关重要的。当一个人生活时，这似乎很简单（只需把衣服放到洗衣机里），但在困难的环境下，洗衣服就成了一场需要动用复杂的身体和智力资源的战争。对那些并不处于社会边缘的人来说，这种突然的困境有时也并不陌生。他们只是暂时离开家，住在简陋的住所里，比如长途跋涉的远足者，或者雨天里的朗德圣母院保护区的抗议人士[1]。对于后面这些人来说，聚在一个烧木头的火炉旁很重要，因为这方便他们把袜子烘干。抗议的成功与否也取决于他们家务组织能力的高低。

但这与极端的、持续的、不得不忍受的贫困境遇相比，实在是微不足道。特别是对那些冒着死亡风险穿越边境、横渡海洋的移民来说，他们的生活被压缩到一个小小的行李箱中，任何不必要的东西都被禁止携带；他们的宝藏只有一条内裤、一把剃须刀和一双袜子。有时，他们连放一双备用袜子的位置都没有。因此，来自南方的他们必须学会如何用脚上所穿的袜子来应对寒冷天气。

逆境从脚开始攻击人们。一些协助移民的组织已经意识到这一点，比如"送给难民的袜子"（Socks for refugees）这个组织，他们特意收集那些失去了

---

1 法国政府计划于南特附近建朗德圣母院机场，此举引起环境保护人士的强烈抗议，他们在规划用地附近设立了好几个抗议营地。

另一半的不成双的袜子。"对于需要保持脚部干燥的难民来说，这并不是什么大问题。重要的是这些袜子能保暖。"有时，他们派发袜子时也会附带一张小纸条。"爱心袜子，也能暖心。"从脚的温度到心的温度，人的善意从脚向上蔓延开来。

被放逐的人用袜子进行的抗争是双重的。第一个是物质上的、客观的、组织方面的斗争。他们必须在恶劣条件下战胜肮脏的环境，制订出乎意料的家务策略，并努力使自己看起来一切正常。但这还不够，尽管这些不成双的"送给难民的袜子"干净而温暖，却能引起很大的问题。因为对人群中最脆弱的人来说，社会阶级分化的过程是一种极度的暴力，它能迅速揭露出最微小的缺陷。一只变形的、有些褪色的袜子，或者更糟糕，一只过时的袜子，都会引发人们内心的嘲笑、傲慢的讥讽，以及优越阶级蔑视一切的满足感。那些在做出令人钦佩的努力，成功展示出他们认为朴素的袜子的穷人，就这样被这些细节拉回到了原位。

让我们看看在小说《幻灭》中，巴尔扎克是如何让物品开口说话的。在卢西安·德·吕本普雷的眼中（从他的角度来看），他不知道艾蒂安·卢斯托为了让他的袜子脱离糟糕的状态而做了多少努力。"这种贫困是可怕的。一张没有床帘的胡桃木床，床脚下铺着一张破旧的地毯；窗户前挂着因烟囱罢工和雪茄的烟雾而发黄的窗帘；壁炉上放着一盏弗洛琳送来的并且幸免于被典当的卡塞尔灯；然后是一张暗淡的桃花心木梳妆台，一张堆满文件的桌子，上面散放着两三根乱蓬蓬的羽毛笔，除了前一天晚上或当天带来的图书外，再无其他了；以上就是这个没有任何贵重物品的房间的家具，但房间里却摆放着一堆令人恶心的破靴子，以及角落里的一双双已经破烂成蕾丝状的旧袜子。"请注意，与简单的欠缺装饰相比，比如暗淡的梳妆台和发黄的窗帘，这些旧袜子被描述为"令人恶心的"。没有比袜子更能贬低一个人身份的东西了。

外界的评判往往有一种不良倾向，那就是忽视个体为了使他们的袜子显得有尊严而做出的努力。袜子看似庸常的状态不能公正地反映出个体为防止情况恶化所做的努力。与贫困人口打交道的社会工作者都知道：提供衣服并不足以解决问题，而是必须巧妙地了解每个个体是如何维系关系和建立自尊的。

我们来看看一个医学心理援助小组（AMP）的例子。"AMP小组的成员就一位同事提出的一个案例进行了交流，该案例涉及一个寄宿学校的孩子。他没有备用的袜子。尽管学校多次要求他的母亲解决这个问题，却始终没有得到回应。"他们是否应该购买袜子以让孩子在冬天免于赤脚？但这样做是否会"冒犯孩子的母亲，因为她可能会反对这种越权"？这可能会让她感到被污名化。在做出决定之前，他们决定深入研究这个问题。

奥迪尔则梦想着袜子，但她的梦想更高远。她的贫困处境、心理困扰以及迷失在世界中的感觉，驱使她对名牌运动袜产生了狂热的迷恋。毕竟，每个人都在寻找寄托。她没有经济能力去购买，于是多次企图在超市里偷袜子，并屡次被抓。因此，如果她再次犯罪，那么她可能会面临严厉的刑罚——即使只是为了一双袜子。别称"莫大律师"的律师让-伊夫·莫亚尔（Jean-Yves Moyart）在她的审判中描述了奥迪尔的形象。"她与其他人一起坐在长凳上，呆立着，眼神空洞，张着嘴巴。她的明黄色雨衣太大，系到领口处，在一众穿着蓝色制服的押送警察之中，成为一抹引人注目的明亮。她过于纤弱，过于年轻，过于心不在焉，过于不适合手铐；我们立刻会觉得她不应该出现在这里。"最终，她因为一双价值9.5欧元的袜子被判处两年监禁……

一点科普

袜子对一个人的重要程度与其社会地位成反比：一个人越是处于低的位置，袜子就越是梦寐以求的对象。有权势者无法想象简单的袜子（或袜子缺失、损坏）会占据人们的思绪并引发强烈的情感。这种境况给文学作品提供了展示袜子的绝佳机会。最好的例子之一是沃罗·塞内西（Vauro Senesi）[1]的小说《失袜收集盒》（*La scatola dei calzini perduti*）。故事的主人公是一个名叫马杜特的非洲小孩。他正准备踏上一趟难以想象的旅程，前往罗马谒见教皇。他也因此收到了一双令他意想

---

1 沃罗·塞内西（1955— ），意大利漫画家、作家、编辑。

不到的袜子。他并不是移民或难民，但经过一系列的偶然事件，他很快在这个陌生的城市中变得孤独且越来越贫困。他之前还觉得格格不入且不合时宜的袜子，现在却变得越来越不可或缺。可惜的是，马杜特住在街上，袜子也越来越脏。比起饥饿，他更关心袜子的清洁。有一天，他拿着收集的一些硬币，走进一家写着"小型洗涤：3欧元"的洗衣店。虽然他没有那么多钱，但他仍上前询问：他少得可怜的积蓄是否足以清洗一双袜子？店主惊讶地发现了马杜特的内心世界。出于同情，他为马杜特提供了住所、食物（当然还有洗衣服务），作为交换条件，马杜特成了洗衣店的清洁工。

在这个新奇的世界里，马杜特进一步加深了他对袜子的执念，成为一个收集被遗忘的袜子的专家，并充满爱意地将它们整理到一个盒子里。他期待着能够把这个宝藏交还给那些失去它们的人。有一天，当这个机会终于出现时，它引发了一场文化冲突和许多误解。受益人向马杜特表示感谢时，他出于惊讶的微笑很快变成了无法抑制的大笑。对马杜特来说，这种笑声带着一种令人难忍的暴力。在他带有朝圣色彩的袜子崇拜中，他突然感到自己变得脆弱。

然而，与将袜子置于情节核心的小说相比，多少小说却忽视了它！在绘画或雕塑领域，这一情况更加糟糕。艺术和文学进一步强调了袜子在日常生活中的边缘化。它不配作为那些自诩庄严的作品中的一部分，因为它可能会玷污它们的声誉。马丁娜·博耶-魏曼（Martine Boyer-Weinmann）和丹尼斯·雷诺（Denis Reynaud）试图对文学中袜子的出现进行总结。毫无意外的是，他们的收获令人失望。袜子确实在某些地方被简要地提及，但仅仅是作为一个装饰性的简单元素，作为一个人外貌或性格的次要标志。例如，在《在少女们身旁》[1]中，通过袜子上的精致条纹，夏吕斯男爵透露出他对优雅和古怪的

1　此为普鲁斯特《追忆似水年华》的第2卷。

兴趣——尽管他不愿在其他服饰上展示这一点。

在参观巴黎卢浮宫或纽约大都会艺术博物馆时，你几乎无法在任何一个隐蔽的角落里瞥见袜子的蛛丝马迹。或许只有一些特殊的艺术流派，如波普艺术，才会竭力凸显日常之物。然而，即使是安迪·沃霍尔，他的作品中也没有袜子。[1] 即使在袜子可能展开复仇的领域，它似乎也被遗忘了。罗伯特·劳森伯格（Robert Rauschenberg）[2]等少数人则是例外。他以"混合艺术（combines）"而闻名，将日常生活中的物品拼贴在一起。他对袜子有特殊的偏爱（可能是因为它们带来的突然的奇异效果与它们平常的形象形成鲜明对比），正如他反复说的一样："一双袜子和油画颜料一样适合用来作画。"

---

1 袜子的处境常常会反转。如今，以安迪·沃霍尔的形象或他心爱的物品为图案的袜子取得了令人瞩目的成功。沃霍尔可能忘记了袜子，但袜子并没有忘记他。——原注
2 罗伯特·劳森伯格（1925—2008），美国波普艺术的代表人物。

它已经能想象自己
出现在海报最显眼的位置了

那么，在电影中呢？在歌曲中呢？袜子同样是
缺席的，最多也只是被安放在边缘位置，躲藏在背
景中，或是突然以让人费解和短暂的方式恶作剧般
地被展示出来，用来让人发笑或引人好奇。比如电
影《惊奇袜子》（*Chaussette surprise*），实际上
它几乎没有提到袜子（除了海报上的插图）。它的
导演让-弗朗索瓦·达维（Jean-François Davy）
本来想把它命名为《一瘸一拐》（电影的第一版海
报便使用了这个名字），以便更准确地反映电影的
其中一个客观事实，因为它讲述了三个受伤的人的
故事。但制片公司很可能认为，这部荒诞、超现实

071

且无法归类的喜剧电影会因为标题过于具象而失去吸引力。到了最后一刻，有人想到了一个主意：事实证明，用袜子来转移话题非常有用，且能成功创造令人迷惑的模糊含义。

无论是作为主角还是配角，袜子都会遭到忽视，并且常常在无缘无故且不加解释的情况下被推到显眼的位置。这种做法比让袜子缺席更糟糕，而且更能揭示袜子在艺术和文学领域中的地位之低。它是如此可笑和无趣，以至于仅仅将其置于海报最显眼的位置就能引起轰动。

正如《一瘸一拐》突然变成《惊奇袜子》一样，以艾迪·米切尔（Eddy Mitchell）为核心的五人摇滚乐队（Les 5 Rocks）在1961年的某一天收听欧洲一台的《向朋友们问好》节目时发现，在毫不知情的情况下，他们被赋予了一个新的名字：Les Chaussettes Noires（黑袜子）。"听说我们的这个别称源于埃迪·巴克莱（Eddie Barclay）与Stem袜子签订了为期两年的赞助协议。这很有趣……也很荒唐，但我们当时并没有完全意识到这一点。我们只是想让人们认识吉恩·文森特（Gene Vincent）而已。"为了履行这份协议，他们每人得到了10双袜子。他们的制作人埃迪·巴克莱不仅想创造一种突破性的传播方式，作为生产Stem袜子的罗贝毛纺公司的老板，他在这个计划中也获得了利益（销量远不止10双袜子）。可怜的袜子！

当袜子被刻意强调时，我们总是需要保持警惕。（当然，这不适用于您手中的这本书！）请看安妮·巴罗斯（Annie Barrows）的《耐穿袜子工厂的秘密》（*The Secret of the Manufacture of Inusable Socks*）。她曾与玛丽·安·夏弗（Mary Ann Shaffer）合作撰写过畅销书《根西岛文学与土豆皮馅饼俱乐部》（*The Guernsey Literary and Potato Peel Pie Society*）。袜子被视为土豆皮的替代品，这个想法很有意思。然而，可惜的是，我们不幸的主角在故事情节中显然只是一个微不足道的存在。此外，我们还得知，原书名《我们所认为的真相》

（*The Truth According to Us*）完全和袜子无关。后来的书名是法国出版商凭直觉即兴创作出来的。

在最好的情况下，袜子也仅仅作为配角出现在一个细节、一句话或一段旋律的转折处。它可以在场景中以微小而古怪的明星形象出现，白色的袜子与迈克尔·杰克逊的黑色莫卡辛鞋相得益彰，甚至在舞台上的司徒迈（Stromae）[1]的脚下变得张扬而华丽。袜子有时以娱乐的角色（洗涤时缩小的袜子）出现，就像奥格登·纳什（Ogden Nash）所写的英国歌曲《收缩之歌》（*The Shrinking Song*）一样：

> 你很早就知道了恐怖的真相，
> 你的羊毛袜子无法穿上，
> 除非一个侏儒小孩来到世上。

---

1 这位歌手还推出了自己的服装品牌，袜子在其中占据了重要的位置，且销量相当可观。——原注

只有孩子会认真对待袜子

　　我们需要锲而不舍地搜寻才能在书中找到些许有关袜子的段落。虽然袜子大多时候并不像在《失袜收集盒》中那样是整本书的中心，但仍占据着有意义的位置。例如在马修·林登（Mathieu Lindon）的小说《文学》（*La littérature*）中，一位杰出的作家和欣赏他作品的一名学生展开了一段含糊的对话。其间，高深的学术探讨被突如其来和反复出现的袜子打断，从而迫使他们回归到现实之中。比如这段节选：

　　——我很高兴能把袜子当作礼物送给您。您每次穿着它们的时候，都会想起我。请尽量不要让它们磨损得太快。

——非常感谢。但其实我在阅读您的作品时，一直想着您。

——袜子更加个性化。

在米兰·昆德拉的《不能承受的生命之轻》中，这个道理则更加简单直接：袜子被用于情节的核心之中，旨在实施夫妻间的报复。由于托马斯在做爱时看了一下手表，萨比娜感到不悦，于是藏起了他的一只袜子。

"你在找什么？"她问道。

"一只袜子。"

他们一起在房间里寻找，然后他再次趴在地上，重新开始在桌子下寻找。

"这里没有袜子，"萨比娜说，"你来的时候肯定没有穿着它。"

"怎么可能没有？"托马斯大声喊道，看着他的手表，"我肯定不会只穿一只袜子来的！"

"这并非不可能，你最近非常心神不宁。你总是很匆忙，总是看手表，所以忘记穿一只袜子也不奇怪。"

最后一个重要的例子来自电影。在电影《莫娣》（*Maudie*）中，有一个美丽的场景：在缓慢而富有诗意的舞蹈中，茉德和埃弗雷特截然不同的人生轨迹有了交汇点。这次，他们没有蔑视袜子，而是把它当作一个象征："我们是一双不成对的袜子。"一双不成对的袜子紧密地连接了两个人坚不可摧的关系。袜子作为爱的象征……它很少有这样的机会！在詹姆斯·迪恩的电影成名作《无因的反叛》（*La Furcur de vivre*）中，袜子成了叛逆和反叛的象征。20世纪60年代，詹姆斯·迪恩所体现的对刻板服饰的反抗得到进一步发展，但不成对的袜子的反叛还没有被实现。

虽然这些摘录很有趣，但我们不得不承认，我们的收获还是相当有限的。在大多数情况下，成年人在艺术和文学世界里都忽略了袜子。但这仅仅是成年人的世界。因为只要我们转向儿童文学，就会发现一个完全不同的世界：充满了顽皮、欢乐和色彩缤纷的袜子，袜子在那里还扮演着主要角色。当袜子引起笑声时，这并不是嘲笑的笑声。这里没有人蔑视或者嘲弄袜子，而是认真对待它。这也许是因为在生命的最初几年，袜子代表着非常重要的东西。然后，它会逐渐被遗忘，并成为令人发笑或嘲讽的对象。

　　分析如此丰富的文学作品需要整整一本书的篇幅。所以，我只列了一些书目，并不准备将它们进行归类整理（一如袜子抽屉的常态）。其中包括卡塔里娜·瓦勒克斯（Catharina Valckx）的《利塞特的绿袜子》；让-巴蒂斯特·拉布昂（Jean-Baptiste Rabouan）、让-路易·费天纳（Jean-Louis Fetjaine）和桑德琳·拉布昂（Sandrine Rabouan）的《偷袜子的小精灵》；丹尼尔·齐默曼（Daniel Zimmermann）的《袜子夫妇》；桑德琳·高（Sandrine Kao）的《我是一只袜子》；克里斯蒂安·奥斯特（Christian Oster）的《寻找自己袜子的骑士》；琳达·克拉扎（Lynda Corazza）的《袜子》；海伦·里弗（Hélène Riff）的《黄袜子》；苏西·摩尔根斯特恩（Susie Morgenstern）的《袜子国王比利》等。还有（众多的）作者没有被提到，我在此请求他们的原谅。

最后一个例子是奥利安娜·拉勒芒（Orianne Lallemand）和艾洛蒂·库德雷（Elodie Coudray）所著的《公爵夫人之袜的奇妙历史》。袜子既让孩子们感到好奇和开心，又让他们在穿袜子和试图发"袜子"的音时感到头疼："公爵夫人的袜子非常干燥"（Les chaussettes de l'archiduchesse sont archi sèches）是最受欢迎的绕口令之一（这些饶舌的表述变成了发音练习）。当孩子们成功地发出"袜子"这个单词时，就标志着他们在学习上迈出了重要的一步。

只消借助一点魔法，袜子的光辉就可以一直延续到青春期，甚至能成为像《哈利·波特》中的解放工具一样重要。家养小精灵多比为邪恶的马尔福家族所掌控。这就是家养小精灵的可悲命运。"他们被奴役，先生，多比只有在主人送他衣服时才能自由。因此，家族成员非常小心，不会给多比任何东西，甚至是一双袜子，否则他将获得自由并永远离开这个家。"在第二卷中，哈利·波特在一本日记里塞了一双袜子，卢修斯·马尔福夺走了日记本，不巧，里面的袜子又掉在了多比的脚下，它被视为一种解放的馈赠。多比的命运因此而改变。在随后的几卷中，袜子再次出现，尤其是作为哈利和多比之间的礼物交换。当读者们合上书后，袜子的魔力依然在继续发挥作用。当粉丝们在伦敦华纳兄弟电影制片厂的《哈利·波特》展览中发现一个被囚禁的多比道具模型时，他们会采取行动，为他送上一些袜子。

展览的组织者——成年人则忽视了袜子。此

外，大多数时候，他们都忽视袜子（或者梦想能够忽视它）。当他们谈论袜子时，是为了嘲弄和取笑它们。就像路易斯·德·菲奈斯（Louis de Funès）在电影《圣特罗佩的警察》（*Le Gendarme de Saint-Tropez*）中大喊的经典台词一样："福加斯！您的袜子！"

笑的双重语言

当一只袜子打破它平时的隐身状态时，往往会引发大笑。这样的笑声有时坦荡而真诚，不带任何恶意，甚至是友好的，因为至少在理论上，我们对袜子没有任何意见。有时则相反：这笑声阴险恶毒，藏着一把直戳心脏的利刃。

从好的方面来讲，将自己的袜子作为笑柄可以成为一个巧妙的策略。让我们来看看社会工作中的这个实例。"笑是一种宝贵的礼物，我们可以毫无保留地将它分享和赠予他人。笑不能用金钱衡量，而是一种奉献。笑是一种情感释放，它能达到宣泄的效果，并有助于缓解紧张情绪。因此，当社工受邀进入一个家庭（他们的居所）以讨论父母的教育困境时，有时会冒着失去风度的风险，欣然脱鞋以免弄脏室内，因为在一些文化信仰影响下的家庭里，这是需要受尊重的地方。如果他们这时发现自己的袜子破了，这就可以创造人人喜爱的会心一笑时刻。因此，袜子可以将父母的注意力从他们通常关注的对象身上转移开来，并成为一种象征性的刺激物。这只破袜子有助于缓解家长的焦虑，甚至消除其对社工突然造访而产生的敌意，且有助于恢复他们的某种自信心。这不是因为破袜子好笑，而是因为分享这一刻的欢笑可以拉近人们之间的距离。"[1]

不幸的是，这一点只有在被笑的人自嘲并完全熟悉这套操作的情况下才能实现。一旦攻击的对象是别人的袜子，污名化的风险就难以避免。最糟糕的是，不论发笑者的动机有多好，笑声只会加剧攻击的暴力。这让我们想到贝雷戈瓦[2]的袜子。

1　见卡罗勒·佩雷在2010年发表的文章《当幽默成为工作社交的必需品》。

2　皮埃尔·贝雷戈瓦（1925—1993），法国社会党政治家，曾任法国总理。他是工人出身，最后以自杀的方式表达了对这个世界的不满。

贝雷戈瓦的袜子

1993年4月3日，皮埃尔·贝雷戈瓦正式卸任总理。他"独自坐在波旁酒吧的吧台边——这家酒吧位于国民议会对面"。以前的朋友都躲着他。"4周后，这位前总理就在孤独中去世了：5月1日18点15分，他用其保镖的357大口径马格南手枪朝自己头部开了一枪。"[1] 在受到谣言冲击并被怀疑有贪污问题后，贝雷戈瓦的声誉瞬间崩塌。他感到自己被抛弃了，突然之间回到了他的卑微出身，跌落谷底。尽管他曾经认为自己能够攀登高峰，并与伟大的人物

---

[1] 参见https://www.lexpress.fr/informations/mort-d-un-homme-seul_594264.html.

并肩。

"贝雷戈瓦事件"爆发以后，直到他悲剧性地离世之前，他的新老朋友们都在软弱无力地为他辩护，强调他一直以来都很诚实，而其中最明显的证据就是他对着装的漫不经心。"'一个穿着这样袜子的人不可能是不诚实的。'毕业于国立行政学院的皮埃尔·乔克斯（Pierre Joxe）以冷酷而假惺惺的嘲讽语气这样说道。审计法院的主席也用相同的说辞捍卫了他这位政治朋友的诚实……并将他送回了他的卑贱出身。"这句话立即在政界和媒体界传开了。

在笑声的刺激下，平时如此低调的袜子突然成为焦点。它代表了一个问题，一种价值体系。忽然之间，它承载了一个完整的世界，成了一种象征。但是，就像在现实生活中我们很容易就能将袜子翻过来一样，袜子往往能同时代表相反的东西。贝雷戈瓦谦卑的袜子为他的诚实辩护，但同时也将他归为工人阶级。这种手段极其低劣，因为当袜子的品质下降，就标志着社会地位的下降。没有什么比袜子更能羞辱人的了。

虽然漫画家普兰图（Plantu）没有想到袜子在社会学和心理学上的含义，但是皮埃尔·乔克斯的话实在太过生动形象，让他的画笔一下子不由自主地动了起来。他回忆起《世界报》初次采用彩色印刷的情形："起初，报纸的颜色是单一的：红色或蓝色。我记得在1988年至1989年间出现了第一种颜色。当贝雷戈瓦遇到司法问题时，我以皮埃尔·乔克斯的一番话为原型进行了创作。他声称自己在为贝雷戈瓦辩护：'但您看他的生活、他吃的东西、他的家具，甚至他的袜子。他不是贪污公款的那种人。'于是，我接下来的几周一直在画他破烂的袜子。因为我只能使用一种颜色，所以我画了红袜子。贝雷戈瓦的红色袜子在《世界报》的头版上是如此显眼——他的袜子破烂得都垂到地上了。"您没有看错：一家大报刊的头版经常出现袜子。因为这就是袜子奇怪的命运，有时候，当它们被拿到灯光下，就忘记了往日的低调，变得滑稽或具有破坏性。

　　我们需要小心袜子。

让袜子破洞的人

　　当袜子因某种原因与社会所认可的良好形象相悖时，我们都知道需要将它们隐藏起来，并且避免展示那些皱皱巴巴、不成双成对或者有了破洞的袜子。因为，尽管与黑格尔的理论相左，对于某些人来说，没有比袜子不停地出现破洞更糟糕的日常惨剧了。艾米莉亚为此感到沮丧。"这可能发生在任何地方，任何时候。它随机而来，并且毫无预兆，它是一场真正的突然袭击。您一定已经猜到了，它就是袜子破洞综合征。工作时、购物时、开车时，甚至在健身课上，突然间，喀！我右脚的大脚趾穿破了我的袜子。然而，我早上更衣时，袜子还完好无损。于是，我的脚趾陷入了绝望的困境，它被扼住了喉咙，就像被绑成肉卷了一样。"这种困扰带来了存在主义层面的质疑。"不幸的是，这种情况总是发生在我身上，我只能想到三种可能性来解释这种现象：

——我的袜子质量不好；

——我的脚趾也是畸形的；

——我受到了诅咒（最有可能的情况）。"

让我们先排除非科学所能接受的诅咒假设。袜子质量不好、脚趾的形状或修剪不当的指甲都有可能是袜子破洞的原因。研究此问题的专家还提出了其他假设，例如过紧的鞋子。其他专家则反驳说过大的鞋子也可能因摩擦而导致袜子破损。总之，有关袜子破洞的谜团还没有完全被解开：为什么有些人经常遭遇这种不幸，而其他人几乎不会遇到破洞的袜子？这个世界的人显然可以分为两类：普通人对这个问题毫不知情，袜子有破洞的人则默默承受痛苦，并为此感到羞愧、内疚、被嘲笑和不被理解。

　　我不得不承认，不幸的是，我属于第二类人。我多次检查过我的脚趾，但看不出它们哪里有问题。就像艾米莉亚一样，我并没有找到答案。容易弄破袜子的潜质会引发不安和潜在的怀疑，并可能影响整个人的个性。正常人在穿衣服时毫不犹豫，潜在的袜子破坏者则评估着这种常见悲剧发生的可能性。在私人空间里，这只是一个不起眼的事件，它只会导致配偶的不解："你又把袜子弄破了。你怎么回事！"而在公共空间，这是一个巨大的悲剧。

　　我怀着激动的心情回忆起在东京一家传统餐馆的情形，我们必须在进门时脱掉鞋子，并围坐在矮桌前。那天，我与早稻田大学的知名教授们一起在那里聚餐。突然间，我看到了它——我和大家同时看到了它——一只粉红色的脚趾露在我的黑袜子外面。当天早上，我的袜子还是完好无损的。在我脱鞋之前我也许就有所察觉了（在现在机场的常规程序中，我总是有些疑虑），但我还是非常惊讶，并且感到十分羞耻。

在公共场合穿着有破洞的袜子不仅会悄然引发黑格尔式的思考，这件事还会突然填满头脑，占据思绪；除了那只从布料中露出的脚趾之外，世界上似乎没有任何其他事物的存在了。这种执念甚至可能在公开展示袜子之前就开始了，并存在于个人与自己的脚趾的隐秘对话中。我再次引用艾米莉亚的话："由于我现在意识到了袜子上的这个洞，我就再也无法忽视它了。事实上，我只想着这个问题，还有脚趾裸露在鞋子里的那种令人不快的有点凉、有点潮湿的感觉。"

如何处理破洞袜子？

　　在袜子破了洞之后，还有一个家务问题需要解决：如何处理破洞袜子？以前，这个问题的答案是显而易见的：我们只需要把袜子补好就可以了。更准确地说，负责处理家务和家庭中的一切不幸事件的女性，通常是母亲或妻子，会立即着手缝补袜子。我仍然记得我妈妈的形象：她手里拿着针、针线盒和木制针筒，给我缝补袜子（因为我很早就是一个不断制造破洞袜子的人）。瓦尔特·本雅明小时候有一个袜子抽屉可以玩耍，我则有一个木制针筒。它是我最喜欢的玩具之一，因为它可以变成一个摇晃的陀螺。

　　我们可以从脚趾的末端感觉到袜子被重新缝补

的位置，它粗糙而厚实。但是，这种轻微的不适感正意味着修补的位置是牢固的，我们可以因此安心一段时间。当然，我现在所描述的是一段不可逆转的过去，因为由于工业化生产和女性意识的觉醒，女性已经彻底摒弃了缝补时所用的木制针筒（男性似乎并不怎么想接替她们的角色）。但同时，缝补后的袜子几乎变得和破洞的袜子一样遭遇污名化，甚至可能更甚。虽然粉色脚趾的确被隐藏起来了，但缝补本身所带有的原始又古老的色彩无疑更具羞耻感。

艾米莉亚在心里保留着一点古老时代的习惯。虽然她显然不会再去缝补任何一只袜子，但她也不忍心把它们扔掉。"我可不能把一双几乎全新的袜子扔进垃圾桶，毕竟只有其中一只破了个洞！所以我把它们放在一边，等着重新缝补。几年来，我已经为袜子们创造了一个真正的'死亡空间'。它们等待着，堆积在一个袋子里，被灰尘覆盖，不成双，而且毫无用处。不时有新的破袜子加入其中，被同样的命运困扰着。"

最近，一些人提出了一个离奇的想法。为什么不能重新拾起"失传了的袜子缝补艺术"呢？毕竟，不再轻易扔掉破洞袜子正符合当今的环保趋势，不是吗？"认真考虑我们当下所面临的环境问题并拿起针线，这并不是一个无足轻重的举动。它和埃皮纳勒[1]的乖巧女孩谦卑地弯腰补袜子的形象相去甚远，它实际上代表着朝另一种消费模式迈出一步，是一种抗争行动。"[2]让缝补袜子作为一种抗争行动，成为激进主义运动的工具？这可能会极大改变现状。

然而，可重复使用的尿布或自制洗发水脱离过去的历史重新出现在公众眼前，并代表着更尊重环境的未来前景，袜子的缝补则似乎注定只能成为珍稀的艺术。这主要是出于两个原因：金钱和女性。首先是金钱。当我们可以轻松地找到一双价格不超

---

1 埃皮纳勒（Epinal），法国孚日省中部的城镇。

2 参见https://ifecosse.wixsite.com/blog/post/l-art-perdu-de-repriser-ses-chaussettes.

过1欧元的袜子时，缝补袜子又能有多少竞争力呢？
其次是女性。尽管在母性的影响下和对环保的热情
中，她们可以忘记自己在家务中的牺牲，并清洗
可重复使用的尿布，当涉及袜子时，事情就变得更
困难了。袜子是女性从属地位的绝对象征，尤其是
因为这些袜子大多是丈夫的袜子。这些丈夫本来就
不太愿意做家务，至于处理衣物，他们就更不愿意
了。因此，袜子的缝补估计不会很快再度兴起，它
是一门彻底失传的艺术。如今，破洞袜子的命运就
是被无情地扔掉。

　　然而，还有一个需要解决的问题，那就是那
些状况良好的不成双袜子。由于我们无法单独使用
它们，仅仅是因为与它们配对的袜子有了破洞，没
有破洞的袜子也会被扔掉（像艾米莉亚的"死亡空
间"这样的情况并不常见）。它们就这样加入了庞
大的"孤儿袜子"队伍，这些袜子失去了它们的伴
侣（通常是出于各种说不清的原因），也就突然变
得毫无用处了。

出现在《巴黎竞赛画报》的跨页上

袜子破洞的灾难可能降临在任何人身上。它更常发生在穷人身上，因为他们的袜子质量差，常常被穿到破烂不堪。它也可能发生在大人物身上。一个世界级的大人物也可能是一个不受控制的袜子破坏者，并容易因此受到公众的指责。这一事件会立即被报纸记录下来，照片在明星杂志上流传，在网络上被不断笑话，这个小小的悲剧可能会引起全球范围内的关注。

2016年，参加北约峰会的乌克兰总统彼得·波罗申科无意中展示了他左脚袜子脚后跟处的巨大的破洞（有些袜子破坏者是在袜子的脚后跟制造破洞而非从脚趾处）。几年前，在参观土耳其的一座清真寺时，世界银行行长、与乔治·布什关系密切的保罗·沃尔福威茨因未被提前告知需要脱鞋而不得不露出袜子脚趾处的两个巨大破洞。这使得评论员们既捧腹不止又充满同情。他们指出：如果世界银行的领导者还穿着如此破烂的袜子，那么，那里可能并不是富豪的聚集地。也有人认为这是一场精心策划的作秀，旨在改变该机构的形象。然而，只需看看保罗·沃尔福威茨脸上的表情，就可以知道事实并非如此。这样的破洞给人带来的耻辱感太强烈了，对个人形象的影响太过糟糕，以至于没有人敢冒险这样做。然而，更加隐蔽的小破洞则可能被某种操控策略利用。

最著名的例子是《巴黎竞赛画报》（*Paris-Match*）上的那张照片。在照片中，维旺迪集团（Vivendi）[1]的老板让-玛丽·梅西耶（Jean-Marie Messier）躺在床上，他被Canal+电视台时政讽

1　维旺迪，法国跨国媒体集团，旗下有Canal+电视网、环球影业、维旺迪场地、每日影像等众多子公司。

刺节目中的卡通人物戏称为"J2M"或者"J6M"
（"让-玛丽·梅西耶-我就是世界的主宰"）[1]。
他没有穿鞋，镜头正对着他的袜子，袜子里露出了
一只脚趾。很难想象占据杂志跨页的这张照片在刊
登之前竟然没有经过当事人的检查，他在拍摄照片
时难道没有看到破洞吗？对于《解放报》来说，这
只可能是一种媒体宣传的手段，一种制造噱头的方
式。"人们并不总是知道，这是现代权力的最后象
征。让-玛丽·梅西耶完完全全获得了穿破洞袜子
的专属权利，这具有至高的象征意义，即一个'巨
无霸'（énooorme）的总裁仍然是一个普通人。
他为《巴黎竞赛画报》拍摄的封面是为了他的新书
《J6M.com》所进行的大型宣传活动造势。在照片
中，我们可以清晰地看到维旺迪集团的总裁躺在床
上，手里拿着一本书，袜子上有个洞。自从与美国
人频繁交往，J2M便放弃了深色西装，开始走休闲风

---

1 法语是"Jean-Marie Messier-Moi-Même-Maître du Monde"。该
表达在法语中可以缩写为一个字母"J"和六个字母"M"。

格：他每天都穿'星期五'套装（不打领带，穿粉红色或浅黄色的衬衫），还有破洞袜子。"

这张照片在媒体上引起了巨大的反响。它使人们发笑，维旺迪老板的破洞袜子成了人们热议的话题。几年后，当这位媒体之王从权力的宝座上被推翻时，报道他如何落魄的文章又提到了那双袜子。不同的是，它现在成了预示他垮台的象征。人们的幽默如同喷水器一般转变了方向，被利用的破洞反过来残酷地打击了制造破洞的人。对于破洞袜子来说，扭转污名几乎是不可能的任务。

对于其他引发笑声和嘲笑的缺陷来说，情况并非总是这样。在特殊情况下，它们可以突然变成与其完全相反的东西，并意想不到地成为荣耀的象征。

第三章

公共场合的轰动：
袜子的突发效应

颠覆与突发

让我们回想一下普通袜子的自然状态：尽可能地不引人注目，融入平凡之中。然而，一些个人意外和家庭事故经常打破这种理想状态，并让人很不愉快地不得不关注它。在这种情况下，我们所想的就是尽快让袜子恢复其在我们心中不显眼的状态，打破黑格尔式的袜子意识认知。有时候，这些可怜的袜子会被暴露在众人嘲笑和恶意的目光之下。这时候，我们便渴望将其隐藏起来。袜子就这样变成了粗俗的象征。越是有人哈哈大笑，那个倒霉的人就越是感到羞耻。

有时候，情况可能会更加糟糕，因为那个被曝光的人并不知道自己成了一场社会地位降级之战的受害者，而且正从脚开始遭受攻击。他认为自己的白袜子配上亮面鞋，或者自己的苏格兰格子袜搭配草底帆布鞋，都只是一种服装选择而已；他觉得每个人都有自己的品味。他并不知道时尚的准则是具有歧视性的。对于那些不追求时尚潮流的人来说，它们是无比残酷的。这就是时尚的一贯机制。有时候，袜子会短暂地出现在人的意识中，然后再次消失；有时候，它会在他人的注视下存在更长的时间，却最终成为社会污名化的工具。袜子总是在最糟的情况下出现，从来不是在最好的情况中出现。

在这些不同的情况中，我们需要注意到袜子的一个显著的特点：突发性。袜子不会平静地、循序渐进地从无意识中浮现，而是突然出现并强行占据前场，填满整个心灵空间，转瞬从最暗的阴影变为令人厌恶的刺眼光芒。然而，这时，完全意想不到的事件也可能会发生：污名化的扭转。但这并不适用于破洞的袜子——它们注定有着悲惨的命运，对于曾经被认为无可救药的其他袜子来说，情况却有所不同。就像被施了魔法一般，最糟糕的袜子（更确切地说，是过去被认为是最糟糕的）此时在聚光灯下炫耀自己，沉醉于荣耀之中。这就是我所说的"袜子的突发效应"：它戏剧性地出现在前场（几乎可以说是"爆发性的"，因为它有时从脑海深处突然出现），吸引着更多的聚光灯，因为它曾经被遗忘和强烈地嘲笑，而这一扭转改变了局势。

是"颠覆—爆发效应"还是"突发效应"？在选择恰当的形容词之前，我曾经犹豫多时。袜子的突然出现似乎可以很好地诠释我们常说的颠覆。但就像其他流行的多义词一样，这个词如今有许多非常不同的含义。某些含义与我想表达的意思相符：袜子如何通过其定位的变化，在既定系统中引起断裂并改变范式。但这是少数派所持的定义。还有以贝尔纳·斯蒂格勒（Bernard Stiegler）[1]等学者为代表的一批坚定的颠覆理论家，将"颠覆"

---

1 贝尔纳·斯蒂格勒（1952—2020），法国当代技术哲学家，代表作有《技术与人生》等。

（disruptif）与创新技术所引起的社会差异的联系描述得更加精确。我不能冒险面对如此不恰当和模糊的情况。对于袜子，我必须科学地做出准确的选择。因此，我选择了"突发"（irruptif）一词。

"突发"一词非常合适，因为除了范式的改变（这点对袜子来说并不总是成立的），它的喷发时刻也具有决定性。当袜子突然无端冒出，从庸常和嘲笑的沼泽地中显现出来，这种情况令人很是困惑，袜子也因此凭借显著的反差吸引了所有的目光。仅仅因为出现在前场，它就成为一个引人注目的悖论。这样的突发效应也解释了为什么有那么多书和文章的标题都提到袜子，但实际上并没有详细讨论它。即使承诺没有兑现，这个想法也令人发笑，读者也就变得很宽容。这是因为，我们可以对袜子非常残忍，但我们也知道如何原谅它。

让我们以选举舞弊为例。在某些国家，选举舞弊相当普遍，但这从来不会引人发笑，因为选举舞弊有时甚至会导致人员死亡。但只要舞弊涉及袜子，情况就会立刻改变，它以一种不同的方式登上报纸头条，并变成公众的谈资。而舞弊者也会得到一定程度的宽恕：当我们用袜子舞弊时，我们注定无法成为严肃的舞弊者。在2008年的佩皮尼昂[1]的市长选举中，原市长的两名亲信被发现在口袋和袜子里藏着选票。公众立即忘记了口袋，只记住了袜子，这件事很快就出名了，并使"袜子舞弊"的说法流行了起来。《世界报》将它和普兰图绘制的一幅著名的袜子漫画一同放在了头版。反对派举着袜子或戴着袜子形状的帽子举行了多次示威活动。选举随即被取消。在重新投票之后，原市长得以连任。我们需要取得大多数爱笑人士的支持，人们会原谅关于袜子的一切。

除了一样东西：糟糕的品味。

---

1 佩皮尼昂，法国南部著名旅游城市。

白色袜子令人震惊的成功

好品味和坏品味是社会建构中非常具有流动性的概念。在某个时代被视为好品味的东西，几年后可能就不再受欢迎，反之亦然。低腰裤、高腰裤，然后又是低腰裤，短裤变短再变长，流行色和禁忌色也不断变换。然而，这种持续变化与时尚产业领军人物深信自己在宣扬的普适而永恒的真理形成了鲜明对比。这个是美的，那个是丑的；除了这些规定，别无救赎之道。

没有什么比全体一致谴责白色袜子更能说明这一点了。这一共识盛行至今：这是坏品味的典型例子，尤其是当白色袜子与皮鞋和西装搭配在一起的时候。每个人都不停地重复这个已经成为普遍共

识的显而易见的真理。2013年，记者马克·博杰
（Marc Beaugé）这样总结当时的这种理念：一
个穿着白色袜子的男人坐在像地铁这样的地方时，
"他必须忍受许多轻蔑的目光和一连串的嘲笑。有
些乘客甚至可能会忍不住拍下袜子的照片，以便在
到达目的地后与同事或家人放声大笑。因此，除了
洞洞鞋、短裤、无袖T恤、雪花牛仔裤、米奇图案领
带、印有广告的伞、派饼领衬衫、聚酯纽扣衬衫、
印着阿兹特克图案的抓绒衣或者连体工装裤，白色
袜子如今成了绝对的时尚败笔，并被视为现代男装
中的大忌。事实上，可以说，一个穿着白色袜子的
男人在世人眼中并不算是一个真正的男人。"他被
置于社会最底层，甚至被逐出了人类的范畴。

　　然而，细心的观察者可能会注意到：一些明
星毫不惧怕嘲笑声或社会地位的下降，敢于做出
这种如此离经叛道的行为。明星是活着的神明，
他们享有一切权利，因此永远不会被指责品味不
佳。如果他们执意挑战那些媒体所认可的规则，唯

一可能发生的就是他们最终通过突破、颠覆和挑衅来引领一种新的潮流。史蒂夫·麦奎因（Steve McQueen）[1]、保罗·纽曼（Paul Newman）[2]或迈克尔·杰克逊（Michael Jackson）（将白色袜子与黑色漆皮鞋搭配）本可以成为这一历史性反转的催化剂。然而，这可能还为时过早。人们赞赏他们的造型，没有任何人会因为袜子而讽刺他们，但他们并没有引起巨大的转变。

　　这是不久前发生的事，我们甚至都没有意识到。然而，对于袜子来说，这是一场真正的革命。曾经最受蔑视的白色袜子不仅突然被重新认可，而且被大方地展示出来，出现在足够短或折起来的裤脚下方。它自豪于这种令人惊讶的新名声，这是对过去的隐秘和所受的蔑视的复仇。"将白色袜子和塑料拖鞋搭配起来的造型令人耳目一新。以前只有足球运动员在休息时间才会这么穿，现在在巴黎地

1　史蒂夫·麦奎因（1930—1980），美国好莱坞硬汉派影星。
2　保罗·纽曼（1925—2008），美国演员、导演、制片人。

铁的走廊里已经非常普遍了。"[1]

这种转变在一开始并不易被察觉，因为它是运动时尚潮流的一部分，注重舒适和休闲，并大量借鉴了运动的元素。但如今，它的野心更大了。"最近，一些时装品牌（如Dries Van Noten，Ami，GUCCI……）打破时尚禁忌，将这种单品搬上了时装秀舞台。他们不仅用白色袜子搭配运动鞋或帆布鞋，而且用它搭配莫卡辛鞋或绑带皮鞋。时下流行的男士时尚造型是什么？"在题为《如果白色袜子是品味的巅峰》的文章中，记者纪尧姆·克鲁泽（Guillaume Crouzet）如此发问。GUCCI推出了售价90欧元一双的Stretch系列袜子。就这个价格而言，我们可能很快就会开始考虑袜子的缝补问题。但缝补过的袜子也必须要通过引人注目的转变才能成为潮流。

---

1 参见https://www.gqmagazine.fr/style/article/la-chaussette-blanche-est-elle-redevenue-cool.

德国游客与图坦卡蒙

如今，难道不是一切皆有可能吗？事物在变化，我们也能感受到袜子带来的震颤。原则如下：选择最糟糕、被普遍认为最荒谬可笑（除了一些天真的替罪羊）的元素，大胆展示它，作为正在形成的反主流文化的象征。可以说，袜子成了这一潮流的先锋。既然白色袜子已经在时尚潮流中引起了轰动，我们就必须在过去被蔑视和被嘲笑的底层事物中找到其他东西与其搭配：袜子配拖鞋就自然而然地成了第一选择。

就像白色袜子一样，袜子与拖鞋的搭配在流行趋势中的反转几年前就早有预示。在公认的指责对象中，最常被拿来作为反面例子的是"德国游客"，他们的举止常让人啼笑皆非。与此同时，即千禧年之初，美国篮球运动员养成了在比赛结束后穿袜子配拖鞋的习惯。为了舒适，他们脱下球鞋，让脚透透气，然后不脱袜子就穿上拖鞋。这种做法在当时并没有成为杂志的头条新闻。但NBA球员现在已经成了像歌手一样的明星，拥有众多粉丝。这些粉丝密切关注他们的行为和服装细节，以便进行模仿。

一些人开始悄悄地尝试拖鞋配袜子这种具有争议的穿搭，而另一些人则远离了"德国游客"那样的恐怖形象，他们深信这种挑衅"很有风格"，毫不犹豫地在他们的Instagram[1]账号上发布相关的照片，并引起了热议。面对那些不断重复过去显而易见的观点的人，具有创新精神的突破者将凭借丑闻的力量获胜，因为现在丑闻总是能赢得胜利。距离袜子配拖鞋的这样的穿搭成为潮流只差一个触发

---

1 Instagram，一款提供图片和视频分享功能的社交软件。

点。歌手阿利马（Alrima）[1]的一首歌的视频点击率达到了1000万次："我穿着拖鞋和袜子，拖鞋和袜子，拖鞋和袜子！"配以相关画面，它就成了触发点。

这一趋势在中小学学生中迅速传播，随后扩散至更大的圈子，不久后受到了各大品牌和时尚界的青睐。"这一社会现象最近甚至被高级时装界接纳了。2017年6月在巴黎举行的2018年夏季男装时装周上，这一风格引人注目地出现了：特别是路易威登（Louis Vuitton）品牌让其多位模特穿着……拖鞋和袜子走秀！像贾斯汀·比伯（Justin Bieber）、蕾哈娜（Rihanna）和布鲁诺·马尔斯（Bruno Mars）这样的明星也是这一潮流的拥护者。在社交媒体上，拖鞋配袜子的时尚如病毒般迅速地传播开来。"

当年，由于身边人对这一潮流的不理解和愤

---

1 阿利马（1993—　），法国摩洛哥裔说唱歌手。

怒，生活博主雷亚德（Reead）一开始对这种搭配也持怀疑态度。"我一开始每周只这样穿一次，后来越来越频繁，甚至每天都这样穿，有些人的评价很奇怪：'这样不适合你''这样看起来很土''这样一点也不时髦'。最讽刺的是，在此之前我也认同朋友们的说法，毕竟这是一种看起来非常丑陋的新事物，有些人无论如何也不愿意谈论它。"

雷亚德现在致力于为人们提供穿搭建议，以确保他们正确搭配袜子和拖鞋，让这种搭配能给人们加分而非减分。但这个行动只有在它的宗旨被理解的情况下才能成功。面对那些不理解的人，他们就很容易被视为粗鄙的"德国游客"。创新者注定不能沉溺于拖鞋配袜子的平凡舒适中，他们必须始终处于防御状态。

他们的动力源于成为第一批敢于宣称时尚可以将拖鞋和袜子搭配起来的人。然而，事实并非如此。在3000多年前的古埃及，这两者的组合就已经很时髦了。在图坦卡蒙[1]墓陵的珍宝中，有一系列令人赞叹的凉鞋和袜子。阿利马并没有创造出什么新东西。

在图坦卡蒙之后，袜子和拖鞋的搭配在埃及可能持续了几个世纪，一直到公元前200年到公元800年的古典时代晚期。在这个时期，通过科普特人[2]织造技术的创新，人们设计出了一款华丽的袜子，上面装饰着多彩的条纹。这款袜子有一个独特之处，就是用凉鞋（我们现代的拖鞋）的鞋带将大脚趾与其他脚趾分开，这种式样过去在日本也很常见（今天仍然存在）。这种分开大脚趾的袜子被称为"分趾袜"，通常配有较厚的鞋底，把它们从凉鞋上解下后，就可以变成室内拖鞋。袜子和拖鞋的搭配融入了一种与当今说唱歌手的生活方式大相径庭的生活艺术。

1　图坦卡蒙（约前1361—前1352），古埃及第十八王朝法老。
2　科普特人，埃及古老民族之一，主要居住在今埃及和苏丹所在地区。

时尚使袜子的命运发生了反转

当袜子不被责骂为卑劣的物品，或者因其可笑的外观而被嘲笑时，就常常隐藏在日常生活的深处。它毫无地位可言，人们嘲弄并取笑它。可怜的袜子！

然而，有时，时尚的潮流突然将袜子推到聚光灯下。它惊讶地发现自己身处的位置，有些头脑发热，并做出一些平常不敢想象的奇怪行为，这是习惯了登上舞台的其他服饰所不敢做的。就像当代艺术一样，时尚只能通过持续地违反规则来前进。它需要不断颠覆已确立的规则，即便这些规则在我们"流动的"社会中趋于消失。那么，时尚要如何持续让人惊讶并吸引注意力呢？

　　越来越多的人似乎倾向于一种激进的方法：颠覆刻板印象。将被认为最土气、最受鄙视、最受羞辱、最容易被嘲弄、最被看不起的服装或着装方式，通过魔术般的手法（某位设计师的声望），转化为完全相反的形象。您应该明白了：尽管这听起来很矛盾，但袜子注定要与超现代时尚的创作程式相遇，因为没有比它更容易被污名化的了。出人意料的是，它终有一天会获得荣耀，在我们这个充满各式各样新奇社会运动的时代，这是注定的——至少表面上是如此。然而，对于让袜子沦为一种无形、无存在感的物品的袜子历史而言，这种颠覆似乎是不可想象、不可接受的，会引起不适和冒名顶替症。袜子转变为时尚偶像的过程绝不会一帆风顺。

　　我之前已经提过一些引人注目的尝试，比如以"德国游客"和流行说唱歌手为代表的白色袜子以及袜子和拖鞋的搭配。但对男性来说，如果没有外部刺激，大规模转变是不可能发生的。这种刺激来自女性。

女性并不会忽视袜子，尤其是在私密场合，因为它们能为脚部带来舒适与温暖。但自从丝袜和长袜开始大规模生产后，袜子就被边缘化了。尽管在20世纪40年代，人们优雅地穿着袜子出现在杂志上，但那只是因为长袜缺席了。实际上，在50年代，袜子又逐渐退出了历史舞台，因为当时的主导模式是以性感女郎的身影为代表的超女性化形象。与此相反，60年代开始又出现回归和突破，因为女性解放潮流推崇的是更中性、流畅且不引人注目的身体。宽松的毛衣和牛仔裤在这场解放运动中出现，它们是解放的产物，也是解放的见证，因为如果没有它们，可能什么改变都无法发生。同样，没有袜子也不行，因为袜子越来越常与裤子搭配在一起。

袜子并不是性别流体[1]

　　女性开始越来越常穿袜子。与经常消失在代表着匿名状态的灰色中的男性相比，她们服装的颜色更加多彩。显然，她们毫不理会男性信奉的低调甚至无形的着装理念；近几年，袜子在她们的穿搭中终于被自豪地展示出来。法国时尚杂志ELLE得出了这样的结论："长时间被隐藏起来的袜子开始被视为一件独立的时尚配饰。如今，它们在大多数时装周的T台上都有出现，成功地在这个闪耀而炫目的世界中占据了高位。"袜子需要保持低调甚至被隐藏的时代已经过去了，它已然成了时尚的先锋。"现在，袜子

---

1 性别流体（gender fluid），指性别非二元性别理论中的一种性别认同。

已成为时尚界的重要组成部分。它像手提包、帽子或珠宝一样，可以作为饰品增添风格和特色。"

为了实现这一点，袜子必须与长裙、连衣裙、短裤等衣物相配合，摆脱裤子的束缚，展现出它们独特而具有挑衅意味的美感，特别是当它们与非同寻常的鞋子搭配在一起时：不是经典运动装的篮球鞋，而是精致的细跟高跟鞋或其他之前看起来不合时宜的组合。巴黎品牌蔻依（Chloé）就推出了与木屐或拖鞋搭配的厚毛袜。通过扭转刻板印象，我们还可以进一步打破创新性的界限。褶皱袜一直是社会地位低下的重要标志。因此，最近的时尚品牌艾尔玛诺·谢尔维诺（Ermanno Scervino）毫不犹豫地推广了在脚踝处（优雅地）堆叠起来的长袜。这让可怜的贝雷戈瓦在坟墓里也没法安息。

在颜色方面，一切大胆尝试都是被允许的。有些人建议避免穿过于鲜艳的颜色或过于夸张的图案，以免破坏整体造型，但也有人醉心于这种新配饰带来的疯狂。"将短袜塞进细跟高跟鞋这样的小花样将非常有效地给保守的穿搭增添一抹风情。"[1]

缪缪（Miu Miu）是普拉达（Prada）为推出一种"更加淘气"的时尚而开创的"顽皮品牌"，它以标价数百欧元的鲜艳条纹袜子取得了巨大成功。尽管现在大批量生产的袜子售价不到1欧元，但时尚界将一些"明星单品"推向奢侈品的巅峰，并令它们的价格不断上涨；奢华的疯狂席卷了袜子市场。一位美国亿万富翁刚刚向豪华袜子品牌"我的红袜子"（Mes chaussettes rouges）下了一笔订单，购买了价值1.4万欧元的袜子作为圣诞礼物。"在这40余双袜子中，有3双是用极为稀有的红鹿毛制作的，它们每双售价为1275美元。"[2]

然而，我们将看到，红袜子对男性来说是一个稍微特殊的存在。它们在不过分张扬色彩的情况

---

1 参见https://www.tendances-de-mode.com/2021/03/29/4323-chaussettes-mode-d-emploi.

2 参见https://www.lefigaro.fr/conso/2018/01/27/20010-20180127ARTFIG00010-un-americain-achete-pour-14-000-euros-de-chaussettes-de-luxe-a-une-entreprisefrancaise.php.

下代表了一种细微的社会阶层的区别。真正的问题是，女性引领的这场袜子革命是否能从根本上改变袜子在男性眼中的性质，让它们从黑暗走向光明？有几个迹象能证明答案是肯定的，比如白色袜子和袜子配拖鞋，抑或是男装时装秀上出现的耀眼而鲜艳的袜子。难道男性的情况与女性不一样吗？时尚的袜子难道不是性别流体吗？

性别流体明显已经成为当今年轻人新的乌托邦视野。它表达了这样一种观念：我们首先是可以自由塑造自己的人，而不是为性别所定义，更不用说生理性别了。关于爱情的探索应该跟随着流动的欲望，人们再也不会像在旧世界中那样将人分为男人和女人两个类别——火星和金星——仿佛他们生活在两个不同的星球上。

然而，许多乌托邦理想都被现实的沉重阻力击碎，尤其是袜子对性别的流动性持非常抵抗的态度时。众所周知，一只燕子并不能带来春天：男装时装秀上出现一些穿着袜子的男性，并不能使袜子在之后的日常生活中脱离其低调的理想状态。男性袜子的平凡性深深地根植于其基因中，以至于时尚界的一些闪光时刻也无法动摇这种状态。在这一点上，男性和女性仍然有着不同的命运，袜子标志着这一分歧，它根本不是性别流体。男性最多也只能受益于女性袜子革命非常微弱的影响。人们建议男性在袜子上多使用一些色彩，但他们始终以朴素和低调为主，避免使用过于跳脱的颜色，以找到能够区分袜子品质但又不过分突出袜子本身的微妙标志。一位设计师的必要建议是："不要穿太花哨的袜子。"

在远离时装秀聚光灯的地方，人们在日常生活中获得的风格建议几乎与女性所得到的建议截然相反。拥有良好品味的男性永远不能露出袜子上方的一点皮肤，而女性则被鼓励露出小腿或大腿以彰显她们的时尚配饰。是的，我们离男女平等还有很长的一段路要走。也许，唯一的安慰是，在这个特定的领域，女性并没有受到束缚，而是更加自由。男性的主导地位并不适用于所有领域。

我们会将袜子作为圣诞节礼物吗?

虽然这些流于表面的骚动并没有动摇袜子的基本特性，但仍然引发了一些有趣的新变化。其中最引人注目的莫过于礼物领域了。

诚然，人们一直以来都会将袜子作为小巧而实用的礼物。有时候，这些袜子还是精通缝补技巧的奶奶们亲手编织的。近年来发生的事情却大不一样：赠送袜子已经成了一种潮流。袜子的销量激增，新的袜子品牌不断涌现。正因如此，我们需要非常认真地分析这一现象。其实，这一切的出发点很简单：普通人对袜子的需求是无穷无尽的，因为袜子总是会磨损、弄破或者丢失。这是一种未被承认或者让人羞于启齿的需求，而这一点被人们对无法丢弃的破袜子的执着掩盖了。将袜子作为礼物既解除了他们的保守所带来的困扰，同时又让他们欣喜若狂。权威的《金融时报》对这个重要问题进行了研究。"如果问一个人——让我们称之为'我'以便匿名——他想在圣诞节收到什么礼物，他的答案一定是：袜子。"

袜子是受人们喜爱的礼物，而且似乎具备了所有的优点。袜子的突然出现（从平凡甚至荒谬的庸常中突然冒出来）将使它成为一份独特而令人惊喜的礼物。除此之外，袜子还会带来欢乐，因为它总能引发笑声。因此，它既是实用且用心的礼物，又是充满欢乐和友好氛围的礼物，它具备了表面和内在的双重意义。同时，它也便于赠送，填补了领带快速衰落的时代出现的空白。而且，它的价格合适，从最低廉的5欧元10双的运动袜，到一双单价高达1000欧元的红色鹿毛袜子，任君挑选。

然而，这对可怜的袜子来说是否要求过高呢？我们必须明确地说，是的，这种突如其来的荣耀掩盖了一系列的误解和矛盾。《金融时报》再次提出了这个问题：您希望穿着鲜艳的袜子被人指指点点，还是穿着条纹袜子让自己看起来像个晚熟的学生？"您只是想要一双让你不再想到袜子的袜子。"这正是任何一双男式袜子的最高目标。无论当下时装的潮流如何，袜子都要摆脱黑格尔的"我思"，懂得如何让自己被忘记，从而使主人的生活更加轻松。

然而，当你考虑给朋友送一双袜子作为礼物时，会发生什么情况呢？想象一下，你会赠送一样注定要消失在虚无中的东西吗？那就像什么都没送一样，完全与礼物的理念背道而驰。不，恰恰相反，您会想制造轰动效应、惊喜和喜悦，让礼物引发笑声和欢呼，调动情绪。这就是时尚界表面的热闹所带来的悲剧性的误解。您会无法抵挡最鲜艳的颜色、最不可思议的材料、最滑稽的图案和最冲动的口号的诱惑。一旦袜子脱离了它作为隐形物品的本质，这种范式的转变就会引发无法抑制的狂热。

当然，这还被它近年来所获得的荣耀进一步放大了。市场分析师们坚定地认为：在传统品牌困难重重的时候，押注于原创袜子作为礼物以带来冲击效应的新兴创业公司正蓬勃发展。

好的礼物能够激起人们隐秘的愿望。你的朋友是《权力的游戏》的粉丝？只需在互联网上搜索，你就能找到来自20个不同品牌的《权力的游戏》主题袜子。你的朋友是出了名的美食家？你可以送给他用比萨盒包装的以4种奶酪或萨拉米香肠比萨为主题的袜子。这绝对能保证笑声不断。与此同时，一种转变已然发生：这个理想的礼物、实用的礼物，这个实现了让幸运的受礼者不再想着他的袜子的礼物，已经悄然变成了完全相反的概念。在与其他人一起真诚地笑了几秒钟之后，不幸的受礼者开始思考他应该如何处理《权力的游戏》主题袜子或印着香肠比萨图案的袜子。丢掉吗？不可能这么做的，它们可是崭新的袜子！送人？但是谁会接受这些无法穿出去的袜子呢？于是，他怀着悲痛的心情把它们放在抽屉的一角，与那些他没有勇气扔掉的形单影只的、褪色的、陈旧的袜子放在一起。它们会在那里长久地休息，处在一种痛苦的边缘状态。如果参照卡洛斯·鲁伊斯·萨丰[1]著名小说的书名，我们可以称之为"被遗忘的袜子之墓"。

---

1 卡洛斯·鲁伊斯·萨丰（1964—2020），西班牙作家、编剧，代表作有《风之影》《灵魂迷宫》等。

赤脚的爱因斯坦

　　陶醉在巨大荣耀中的袜子相信自己已经完全脱离了阴影，但事实并非如此。矛盾的关键之处在于，袜子的双重生活（阴影和荣耀）保证了它令人惊讶的突然出现能获得持续的成功。这种矛盾也存在于思想世界中。这里更少涉及时尚问题（尽管它并没有缺席），更多是提出与主流思想不符的想法的热忱。对于主流思想，即占主导地位的循规蹈矩的学术观念，结论是明确的：袜子从来没有，也永远不会有任何科学或哲学上的意义。因此，本雅明或黑格尔希望证明相反的观点。这也是为什么很多出版物都倾向于让标题中出现被遗忘的袜子。思想家们越是在纯粹的思想世界中将大脑作为生命的唯一依托，袜子就越显得是一种独特的带有挑衅意味的突破工具。这使得思想家们突然低下头，并开始注视自己的脚。

然而，有一种常见的情况：即使没有考虑将袜子纳入他们的理论中，思想家们在日常生活中也被鼓励务实地利用袜子这种友善而不乏挑衅的元素。让我们回想一下伯特曼教授不成双的袜子，仿佛脚与脑袋相距甚远，以至于它们能够自由地玩调皮和愉快的游戏。

让我们看看民族学家乔治·孔多米纳斯（Georges Condominas）的例子。密友们将其亲切地称为"孔多"（Condo）。在他众多的特殊之处中，"他坚持用一只袜子泡咖啡，并声称这样更好喝，与常见的'袜子汁'所指代的相反"，孔多米纳斯曾经的学生多米尼克·罗兰（Dominique Rolland）回忆道。

"袜子汁"一词源于1870年的普法战争。当时，除了袜子以外，战场上的士兵们没有其他用于过滤咖啡的手段，因此咖啡的口感非常糟糕，于是产生了这个非常具有贬义的表达方式。袜子对此早已习以为常。近年来，在环保主义的影响下，情况发生了反转，人们开始使用可重复利用的被称为"咖啡袜"的过滤器。"袜子非常适合穿在脚上，但它们也出乎意料地非常适合用来……制作咖啡。"[1] 实际上，"咖啡袜"是由加长的织物做成的过滤器（没有设计脚后跟），并不是真正的袜子，因此，使用"袜子"来称呼它是牵强的。通过一种典型的冲击效应，具有贬低意味的"袜子汁"一词被转变为与其相反的意义。但孔多在这方面更胜一筹，因为他使用了一只真正的袜子来过滤咖啡。毫无疑问，这只袜子是完全干净的，从未被穿过，但它仍然是一只真正的袜子。正是这样的细节给这位知识分子的形象增添了色彩。

阿尔伯特·爱因斯坦对此颇有了解。人们熟

---

1 参见https://cafe-delice.com/2020/02/18/filtres-a-cafereutilisables-une-nouvelle-revolution/.

知他的形象和他在科学方面的巨大贡献。他是一座丰碑。但在他任教的大学校园里，他身上一个特别引人注目的着装细节对于学生们来说是非常不合时宜的：他不穿袜子。他的妻子埃尔莎坚持让他放弃这种独特风格，但他一直拒绝。在给一位朋友的信中，物理学家保罗·哈尔朋（Paul Halpern）描述了爱因斯坦对此的评价："我变成了一个孤独的老人。一个主要因为不穿袜子，偶尔展示自己而成为一种奇特景象的老人。"社会学家欧文·戈夫曼（Erving Goffman）很好地证明了当我们对一个人的复杂个性和成就知之甚少时，我们更容易从一个象征性（并常常具有贬义）的细节来辨识他；当这个主体自身迎合这种行为时，这个现象更加突出。达利被简化为"他的胡子"，爱因斯坦则被简化为"赤着的脚"。在对一个人的身份进行简化和固化的过程中，从规规矩矩的庸常中脱颖而出的袜子是理想的选择。

平静的突现

　　但如果将爱因斯坦的袜子理解为制造的突现效应，甚至是有意为之的，则是不准确的。这位科学家对于自己的着装毫不在意。他觉得赤脚穿鞋很舒服。尽管他不得不越来越注意袜子，他还是不愿改变自己的着装方式。袜子（或者它的缺席）有时候就是这样，它从隐形中脱颖而出，无意中产生微小或短暂的突现效应。这是因为它只有部分被隐藏起来了。它会随着腿部的运动被不断地露出一角。法布里斯·贝尔坦（Fabrice Bertin）讲述了他坐在轮椅上的观察，并解释了这种特殊视角是如何放大袜子的自我展示及其位置的。从更高的视角看袜子时，它们被更多地掩盖着，偶尔露出冰山一角。

它们只会引发微小而短暂的效应：笑声、蔑视、讶异，而后很快就会被遗忘。

同样，一些最前沿的新兴事物也是以悄无声息、略带破坏性的方式出现的。圣诞袜就是一个典型的例子。这是一个非常古老的传统，可以追溯到几个世纪前，与圣尼古拉斯[1]而非圣诞老人有关。在贫困家庭中，袜子被视为珍宝，成双的袜子非常稀少，因此人们常常在晚上把它们挂在壁炉旁晾干，以便第二天早上使用。传说，善良的圣尼古拉斯会在夜间将礼物放入这些袜子中。从那时起，数以百万计的小孩就将他们的梦想藏在袜子里。我们希望袜子能够更频繁地出现在这种幸福、喜庆、充满纯粹的欢乐和温情的场合中。

在庆祝年末节日（圣尼古拉斯日、圣诞节或三王来朝节）的国家中，美化袜子的国家通常是在圣诞老人的势力范围内，尤其是英国和美国。然而，

---

1 圣尼古拉斯（270—346），古罗马历史上的一位主教，是圣诞老人的原型。

我们的袜子也成功地在其传统领地之外赢得了一席之地。例如，主导意大利主显节的既不是圣尼古拉斯，也不是圣诞老人，而是贝法娜（Befana）——一个假装邪恶的仙女，她非常善解人意，并通过一些从中渔利的企业，让装满糖果的五颜六色的袜子如洪水般涌入超市。在古老的童话中，贝法娜在节日期间对孩子们有道德教化和教育的作用，她威胁他们：如果不听话，他们的袜子里出现的就不是糖果，而是煤块。这样一来，孩子们在把手伸进袜子时就会感到害怕。如今，这项威胁已经消失，煤块也变成了美味的黑色糖果。现在的教育方式已今非昔比，袜子也变得不再可怕。

然而，贝法娜的袜子更多是例外，而非常规。在圣诞老人的国度里（或像在意大利那样），袜子并不比拖鞋或鞋子更重要。在大多数情况下，被放在圣诞树下的礼物都是鞋子。袜子用完后便被放回原处，藏在抽屉的最底层。袜子让自己成为节日庆祝的一部分，这本身就是个例外。

一块彩色的斑点

男士袜子的本质要求它保持低调。理想情况下，即使不能完全将自己隐藏起来，袜子也应该是极度简约的。人们应该避免花纹，选择不引人注目的颜色，比如黑色、灰色和深蓝色，以此来避免与裤子的颜色产生任何突兀的对比（根据一位男装时尚顾问的建议），以更好地淡化它的存在感。它应该保持直挺，以免在意外露出来时显得软弱无力。当然，它必须与另一只脚上的袜子完全一致。一对袜子的标准就这样被建构起来，被广泛接受并深深影响着人们。袜子不仅是社会庸常性建构过程中的核心，也是社会正常性建构过程中的一部分。与其他物品或衣物相比，它更加为自己的庸常和规范所定义，这也解释了它令人惊讶和强大的突发效应。

越是远离有关权力和合法性的领域，袜子的规范性就越不起作用，尤其是在知识界、艺术界、年轻人和另类文化之中。针对袜子的相对自由（相对而言）因专业领域的不同而有所差异。在一些对着装要求不那么严格的职业中，人们可以尝试"平纹、小方格纹或猎犬纹"，紫红色或石榴红质地的细蜂窝状针织物。然而，在这方面的大胆尝试仍然是适度的。但在政界、银行界或保险界，任何偏差都不被允许。白袜子和拖鞋袜不会在国民议会的长凳下突然出现。掌权者的袜子特别保守。

以前的人民运动联盟（UMP）[1]的某位负责人戏谑地评论了多米尼克·德维尔潘[2]和尼古拉·萨科齐[3]的袜子。他说："他们两个都对黑色袜子情有独钟。这种袜子的袜筒很长，以确保他们在任何论坛上都不

1　人民运动联盟，法国右翼政党，后改组为法国共产党。

2　多米尼克·德维尔潘（1953—　　），2005年至2007年任法国总理。

3　尼古拉·萨科齐（1955—　　），2007年至2012年任法国总统。

会露出一根毛发。"任何个人品味与硬性规定有所偏差的人都必须时刻留意这对舆论的影响，就像留意在火炉上加热的牛奶一样。如果这个人能保持低调而不炫耀，他的行为甚至可能会让他从中获得一些形象上的好处，显示他的优雅、独特性和独立性。但要小心观察者对细节的过度解读，如果某个事件使其突然变得显眼，袜子可能会迅速引爆话题。

以爱德华·巴拉杜尔（Édouard Balladur）[1]为例，他的手势和西装（在伦敦的亨利·普尔时装店定制的）传达出一种和谐的整体形象，暗示着权力的某种高度和略显夸张的严肃性。然而，当他的袜子悄悄露出来时，它们展示了一种和他的形象相距甚远的令人惊讶的红色，更准确地说，是"红衣主教红"（实际上，它来自梵蒂冈尊贵人士的服装供应商加马雷利）。这种独特性并不是挑衅。一位政治传播顾问甚至强调了其潜在的逻辑。"这是符合

---

1 爱德华·巴拉杜尔（1929—　），1993年至1995年任法国总理。

逻辑的，因为红色是权力的象征，而巴拉杜尔热爱权力，他在无意中表达了这一点。"

当局势对爱德华·巴拉杜尔来说是顺利的时候，这种衣着上的古怪行为不仅不会对他造成伤害，反而会在形象上给予他一些微小的优势。然而，袜子的附带意义常常会突然反转，其后果可能是猛烈的。同样，那位不愿透露姓名的传播顾问（因为袜子是一个敏感的话题）继续展开他的分析："对于袜子，我没有太固定的看法，只要它们不给人提供实质性批评的借口。如果我曾与爱德华·巴拉杜尔合作，当普兰图开始用路易十六在轿子上的形象来描绘他时，我仍然会建议他悄悄地放弃这些袜子。"普兰图是《世界报》的漫画家，他非常喜欢将袜子作为解读政治的工具，我们之前已经分析过他以皮埃尔·贝雷戈瓦为灵感创作的漫画。虽然他并没有直接以袜子瞄准巴拉杜尔，但通过漫画中所描绘的贵族式的穿着，仅仅通过联想，就将红衣主教红推到了舞台前场。人们发现（或者认为自己发现）了这位总统候选人袜子背后隐藏的意义。

近20年后，这些人震惊地发现，弗朗索瓦·菲永（François Fillon）[1]竟然穿着一模一样的袜子。在《焦点》杂志的一篇文章中，克里斯托夫·奥诺-迪比奥提出了疑问："这些来自罗马时髦精品店的袜子已经成为破解这位神秘总理个性的罗夏测试[2]的首选。他是精明的规则破坏者，还是固执的正统主义者？他步爱德华·巴拉杜尔的后尘，与教皇一样从加马雷利公司购买袜子？"弗朗索瓦·菲永的袜子本可以让他付出惨痛的代价，但它们根本来不及成为焦点：菲永的垮台与衣服有关。[3]

---

1 弗朗索瓦·菲永（1954— ），2007年至2012年任法国总理。
2 罗夏测试，即罗夏墨迹测试，著名的投射法人格测验。
3 2017年，菲永的两套价值不菲的商务西装成了对其挪用公款调查的线索。最终，他在2020年因挪用公款等罪名，被判处入狱5年，受刑3年。

玫瑰人生

　　打破规则可能会带来一些好处，但也有风险，尤其是当这种行为的后果被曝光时，因此必须对风险进行更精确的计算和评估。对巴拉杜尔来说，普兰图的漫画改变了局势。当打破规则的事件短暂且经过精心设计时，风险就相对较小。比如，前财政部部长米歇尔·萨潘（Michel Sapin）在接受《费加罗报》的采访时，以一种能够展示他华丽的粉红色袜子（同样来自教皇御用的加马雷利品牌）的方式摆姿势拍照。采访的内容很快被遗忘，但袜子被大家记住了。这立刻引起了轰动，网络上评论如潮。因此，尽管他的袜子很受关注，但也引起了批评。一位网民气愤地表示："他为糟糕的失业率和不断增长的债务所做的辩解没有任何说服力！"我们需要快速平息争议。米歇尔·萨潘解释说，这种粉红色并不代表傲慢，因为那是他所在的社会党的代表色。它与他的思想一致，代表一种内在的真理，绝非一种挑衅。

在袜子方面，女性有着更高的自由度。相对男性服装极其严格的规范和几乎只容许蓝灰色调的限制，她们在袜子的花纹和颜色方面有着更大的选择权，即使对于处于高位的掌权者来说也是如此。当女性展示袜子时，人们的容忍度要高一些——直到丑闻爆发。曾任美国副总统的卡玛拉·哈里斯甚至可以展示精致地印有"未来属于女性"的袜子，世界并不会因此而停止运转。

在袜子方面做出任何大胆举动之前，人们需要评估当前的环境以及各种可能出现的情况。一些创新的职业领域可能会容许穿袜自由：虽然生物医学领域必须通过袜子来展示其严肃性，但互联网公司现在几乎有义务表现出一定程度的颠覆性。这就是规范的变化。因此，2017年11月18日，在一个国际安全论坛上，掌管谷歌母公司Alphabet的执行董事长埃里克·施密特（Eric Schmidt）穿着与领带相配的美丽的粉红色袜子登台时，公众并不感到惊讶（苹果或其他初创公司的高层可能会选择穿粉红色袜子而不系领带，这就体现了颠覆程度上的微妙差异）。

　　一天，一个与袜子无关的事件引发了激烈的辩论：谷歌被指责以打击"假新闻"（fake news）的名义来审查批评的声音和非主流的观点，以加强主流思想的一致性。在那时，粉红色的袜子已经给他们带来了可观的回报。无论这种行为是故意的还是无意的，它象征性地证明了谷歌可以尝试大胆的行为，而不是一味顺从灰暗的主导思维。

　　然而，媒体针对这个事件的后续报道中还有更多的内容。例如，《外交世界》（Le Monde diplo-matique）杂志发表了一篇揭露新形式审查的文章。"在与'假新闻'的斗争中，美国公正和准确报道协会（FAIR）警告称，许多最独立和最准确的报道正从谷歌的搜索结果中消失。"袜子因其吸引力而成为这篇文章的标题（《审查与粉红袜子》），从而在一定程度上转移了人们对问题关键的注意力。袜子已经无法对那些敢于尝试的人产生影响，而是对那些试图批评后者的人产生影响。这种情况不再是"搬起石头砸自己的脚"，而是被袜子困住的人无意中成为袜子的牺牲品。无论是穿袜子还是仅谈论袜子，我们都必须极其谨慎地处理具有冲击力的袜子。

如果我们能够熟练掌握这项技能，敢于选择引人注目的颜色，便可以大大增强沟通效果，有时影响甚至非常显著。冲击力强烈的袜子可以推动传播我们想要传达的观点，或我们希望更广泛地普及和被认可的自我形象。此外，它还宣扬了一系列当今非常受欢迎的品质：个人创造力、低调的非主流观点、自我独立的能力。现在，政治家们有充分的理由来善用他们的袜子。

袜子外交

曾任加拿大总理的贾斯汀·特鲁多深知这一点，他熟练掌握了一种通过袜子进行宣传的精湛艺术，将袜子转化为外交工具。起初，他只是展示了一些表达个人喜好的图案。作为《星球大战》的粉丝，他通过自己的袜子来表达了这一点，这当然引起了网络和媒体的关注。2017年9月20日，在纽约彭博全球商业论坛的开幕式上，他的楚巴卡（Chewbacca）主题袜子引起了轰动——楚巴卡是这部经典电影中毛茸茸的雇佣兵。在达沃斯论坛上，特鲁多展示了印有黄色鸭子的紫色袜子。但正如《纽约时报》所言，他很快就进一步加强了火力，展开了一场名副其实的"袜子外交"。他知道此刻所有人的目光都会聚焦在他的脚上，因此决定通过袜子来传递政治信息。

　　记者乔治·布尔卡尔德（Georges Bourquard）讽刺道："在所有国际峰会上，特鲁多的脚踝现在成了人们好奇的对象。我们甚至看到安格拉·默克尔[1]弯下腰来欣赏——尽管她以不轻易屈服而闻名。"特鲁多在北约峰会上所穿的带有战舰图案的袜子有何含义？仅仅是（通过脚部来）使个眼色，还是暗示着加强北大西洋公约组织的意愿？更有力的例子是，在多伦多，当骄傲月的最后一天恰逢斋戒月结束时，贾斯汀·特鲁多成功传递了一个双重信息：他穿着彩虹袜子，上面写着精致的"Aïd Moubarak"（开斋节快乐）。

　　这件事在媒体传播上的成功引起了一些人的不悦，在互联网的声浪中，有人对这两个主题被联

1　安格拉·默克尔（1954—　　），德国女政治家，曾任德国总理，素有"铁娘子"之称。

系在一起而感到愤愤不平。[1] 在成功的喜悦中，特鲁多是不是开始做过头了？作为总理，他本就面临巨大的压力，还需要因为脚踝的过度曝光而徒增压力吗？

于是，袜子效应开始反噬。有人指出：特鲁多对他的脚进行戏剧性的展示，这正说明了他的弱点：它是一种滑稽的宣传方式，掩盖了他缺乏直面深层问题的意愿。正如《蒙特利尔日报》记者理查德·马丁诺所言："请跟我谈论会真正采取实际行动的人吧！谁会相信只需穿上花哨的袜子就能改变世界这种事？戴高乐有勇气做这种事吗？丘吉尔更不会！"

澳大利亚前总理马尔科姆·特恩布尔在一本书中谈到与加拿大总理的会谈，他对特鲁多的袜子也非常恼火。在唐纳德·特朗普[2] 退出会谈之后，围绕达成跨太平洋伙伴关系协定的谈判正在艰难地进

---

1 参见https://www.lalibre.be/lifestyle/magazine/justin-trudeau-etonne-encore-ettoujours-avec-ses-chaussettes-5a6c555ccd7083db8bcbaafe.
2 唐纳德·特朗普（1946—　），美国第45、47任总统。

行，为了不惹恼强大的邻国，贾斯汀·特鲁多选择不参加会议。特恩布尔非常生气。为了缓和气氛，特鲁多卷起裤腿，展示了他当天穿的袜子。据传，这位澳大利亚前领导人犀利地回应道："贾斯汀，我们不是来讨论你的袜子的。"就这样，袜子被送回到它原本的低贱位置，变得无关紧要。对于贾斯汀·特鲁多来说，袜子在公关上带来的收益只持续了一段时间，之后袜子就开始使他恼火，必要的应对措施也成了十分棘手的问题。

袜子打破往常的低调并突然引起轰动的效果往往是短暂且有限的。它难以持久地产生影响，因为它突然出现的效果只会逐渐减弱，而且袜子受到的关注使它需要不断警惕和多次为自己辩解。随着不断地解释，袜子的公关效果逐渐消退。因此，绝大多数情况下，突然出现的袜子只能享受15分钟的明星时刻。

为了避免风险和承受过度的压力，有些人试图找到一个平衡点，以便既在轻微的袜子效应中获益，又不至于太过显眼和具有挑衅意味。这很难达成。这是一种中庸的突破，一种神不知鬼不觉的简单计划。总之，在最好的情况下，它们被归类为优雅与独特，在最坏的情况下则被归类为触发笑声的不慎行为。袜子的突发效应可不会只发挥一半的作用。

这项策略成功的关键在于袜子的突然出现需要足够明确且引人注目，并与某种社会抗议运动相结合，以使袜子转化为其象征。当突然出现的袜子成为反叛的旗帜，成为一种逆流的时尚，它突然获得了一种意义，使批评声戛然而止，使嘲笑者沉默无言。白色袜子或拖鞋配袜子的组合不可能以其他方式获胜。然而，它们起初似乎是被嘲笑和指责的：白色袜子代表着典型的坏品味，拖鞋配袜子则代表着"德国游客"的替罪羊形象。

实际上，还可能有，也仍然有更糟糕的情况存在，即不成双、不再完全相同的袜子——这是明确不被允许的行为，是对袜子正常性的亵渎。两只袜子必须完全相同的观念是建构现实和正常性过程中最强大的约定俗成的观念。然而，这是一种纯粹的社会约定，有朝一日它可能会被瓦解。在这场袜子革命没有发生之前，我们可以保证不搭配的两只袜子会引发突发效应。但我们必须将这种突破性的做法和大环境背景联系起来，解释其动机，赋予其非主流文化的意义。

这正是"许多袜子"（Lots of socks）运动所做的。在这项运动中，人们受邀在3月21日——世界唐氏综合征日——穿上不配对的袜子，以唤起人们对不同个体命运的关注。那些希望对多样性表示支持的人被邀请在这一天穿上不成双的袜子，并将照片发布在社交媒体上。袜子成了支持和宣扬包容的行动标志。

从带钉袜子到袜子投掷游戏

　　袜子常常被用作反抗的旗帜，或是解放运动或颠覆性斗争的象征。尤其是无政府主义者和女权主义者，他们有时将袜子转变为战斗的武器。让我们来看看"带钉袜子"的故事，它在20世纪初的无政府主义者中广为流传。想象它字面上的意思，即一只带着钉子、能让鲜血流淌的袜子。事实上，它在对抗"黄狗"[1]或警察的袭击时确实能够造成伤害。一份建筑工人无政府主义工会的报纸写道：对于破坏罢工的人，"我们找到了解决办法，那就是用带钉子的袜子对付对方的腰部"。实际上，带钉子的

---

1 黄狗（Les jaunes），法国20世纪初的工人或新招募的人员，他们自愿接手罢工者的工作，因此被称为"黄狗"。

袜子指的并不是真正的袜子，而是一种比喻。它指的是坚固的鞋子，而主要的武器实际上是狠踢对手的脚。

至于为什么要提到袜子而不是鞋子，可以解释为当时的自由主义和无政府工团主义运动将他们所反抗的暴力与讽刺和嘲笑的艺术相结合。带钉子的袜子确实可以造成伤害，但公众对传单和歌曲的形象中，踢的通常是对方的后背，这更多意味着一种羞辱而不是胜利。而"袜子"这个词浓缩了嘲笑和幽默，有着将那些可能会随时落下并造成严重伤害的攻击包装在笑声中的功能，使进攻者们在一种幽默的氛围中团结在一起。除了这种道德上的附加价值之外，带钉袜子还有明显的宣传效果："带钉袜子"这一形象的说法很快就出了名，并在其支持者中广为流传，成为讽刺性赞美的对象。它的反对者则在右翼报纸和国民议会上予以谴责。这在一个非常特殊的时代背景下产生了明显的冲击效果。1910年，诗人加斯东·库特（Gaston Couté）创作了一首非常成功的名为《勇敢的带钉袜子》的歌曲。

> 当军队前往战场之时，
>
> 如果穿着俄罗斯袜子[1]，
>
> 士兵们就迈开大步子。
>
> 而我们只有带钉袜子！
>
> 喂，伙计，在这罢工之时，
>
> 每天早上，当你起床时，
>
> 千万不要忘记
>
> 穿上带钉袜子！

我们开始理解袜子是如何不断地反转并变成与它完全相反的事物，以及颠倒它的意义是何等轻而易举。几十年后，在人们的集体想象中，带钉袜子不再是那个用来痛击警察的工具，而成了警方用来

1　"俄罗斯袜子"指的并不是真正的袜子，而是俄罗斯（或苏联）士兵用来缠绕脚部的一块布料。它直到2008年才被真正的袜子取代。其他国家的军队，包括德国，尤其是法国，在"小兵们闪亮的脚步"上也穿着类似的袜子。——原注

镇压抗议者的武器。1954年，鲍里斯·维昂[1]写下了《钉子袜的爵士乐》。

> 它们是带钉子的袜子
>
> 纯洁的宪兵们的亲密伙伴
>
> 听听那欢乐的喧闹
>
> 这就是钉子袜的
>
> 魅力所在

自由主义和无政府主义运动，以及更广泛的自发性的和非正式抗议活动，经常与颠覆性的、具有嘲弄性的甚至滑稽的艺术实践联系在一起，并融合了达达主义和情景主义的元素。非同寻常、出人意料的行为常常是抗议活动的导火索。袜子不会错过这个机会，因此我们发现它不再像带钉袜子那样走上街头，而是以一种更复杂、更具隐喻性的方式出

---

1 鲍里斯·维昂(1920—1959)，法国小说家、剧作家、诗人。

现，它的突发性和嘲弄性被用来进行抗争。例如，在帕斯卡尔·布歇尔的纪录片《贝尔纳尔，没有上帝也没有袜子》中，我们看到一个乡村诗人没有穿袜子[1]，在朗诵加斯东·库特的自由主义文学作品。又例如，在白俄罗斯，20岁的安吉丽娜·塞尔詹参加了2021年1月30日针对专制统治者亚历山大·卢卡申科[2]的抗议活动。她在示威活动后穿过一个公园时被警察逮捕，理由是她穿着红色和白色的袜子，这是旧白俄罗斯共和国的旗帜的颜色。因为她的袜子，她被判处了15天监禁！在莫斯科，时装设计师阿琳娜·穆济琴科推出了一系列谴责警察暴力镇压的幽默图案的袜子（和T恤）。通过这些象征性的符号（T恤更适合在抗议活动中穿戴，袜子则更低调，适合日常穿着），人们得以互相辨认。就这样，这

---

1 纪录片中的贝尔纳尔脚上套着一块折叠的布，就像他在巡回表演中背诵的加斯东·库特歌曲中的警察一样：因此，这只非袜子也在改变阵营！——原注

2 亚历山大·卢卡申科（1954—　），白俄罗斯总统，确立了以总统为核心的权力体系。

种联合和动员效应与讽刺相结合。

在哲学教授和极左派活动分子阿兰·布罗萨看来，暴力越来越多地被机构独占，在斗争中被视为野蛮行为，甚至向领导人投掷鞋子也会被公众视为一种"'极端暴力'，一种难以忍受的'象征性暴力'，更不用说可能会划伤眉弓的尖锐的高跟鞋了"。他自嘲性地提出了"扔袜子"的寓言。"因此，为了表明我们正在抗争，我们将用另一种更符合当前和平呼声的方式替代这种轻率的举动：当法国失业人数达到500万时，我们将在萨科齐短暂参观书展时，向他投掷袜子——甚至还是干净且带有香味的袜子。保卫部队将据理殴打那些敢于做出这种无比勇敢举动的人，这些画面将在电视频道上循环播放，投掷者将被视为新抵抗运动的英雄。"

因此，扔袜子可能会成为典型象征，就像文章标题所说的那样，它意味着抗议的新时代的来临。然而，我们都知道，袜子产生的效应很难控制，甚至往往会产生与预期相反的结果。将袜子用作一种抗击资本主义的战旗可能会被滥用，文章最后是这样结束的："所有人都会满意，首先是那家悄悄地赞助了这一活动的大品牌（一家由中国和土耳其投资的跨国公司）。"扔袜子不会成为社会斗争的主要手段，因为社会斗争中的冲突更加激烈。它只是一种替代品，一种娱乐，最多是一种偶发性的艺术行为。

那么，谁来缝补袜子？

在另一种情境下，一切可能会大不相同，这并非广义上的社会斗争，而是女权主义的斗争。对女权主义来说，袜子有着深刻而明确的意义：它清楚地象征着夫妻间家务分工不平等的隐形现实，因为它常常是丈夫的袜子。在20世纪70年代初，女权主义正盛行的时候，游行活动中有一个流行的口号："世界各国的工人，谁来洗你们的袜子？"在幽默的外表下，这个问题尤为令人不安和具有颠覆性。因为没有什么比清洗和整理袜子更能揭示女性的从属地位了。近40年后，这个口号作为一本书的书名重新出现，该书详细描述了女权主义的高度多样性，这也强调了袜子这一象征的统一性。但也有文章同样以袜子为题反对西方普世主义的"国家女权主义"，主张通过工作解放女性，以此作为她们独立自主的保证，然而这会导致"性别化和种族化的护理工作"。袜子在整个女权主义的历史中都扮演了重要角色，甚至在其内部争议中也是如此。

这一切的开始十分引人注目，它是一个关于女性职场解放的故事。不是"性别化的护理工作"，而是两位女性突然闯入一直以来被男性统治的一个行业：马车夫。1907年2月21日，在巴黎，克莱芒汀·杜福和欧仁妮·沙尔尼尔加入了马车夫的队伍，与两万名男同事一同工作，这一事件成了报纸的头条新闻，路人们蜂拥至位于阿梅洛街94号的马车夫车队。人们喊声四起，带着惊讶，甚至是欣喜："哦，女马车夫！"但很快，另一种充满报复的声音占据了上风，它的愤怒掩盖了对于旧世界可能崩溃的恐惧。历史学家朱丽叶·伦斯非常精确地描述了这个对袜子（以及女权主义）而言值得纪念的一天："人们震惊于'真正的'女性马车夫的出现，随后便开始向她们发问：'那谁来缝补袜子？！'在第一个星期里，这是跟随马车夫的记者们最常听到的评论。"

一个世纪后，一位政客不幸说出了一句类似的话，这句话很快就出名了（尽管他否认是他说的）："但是谁来照顾孩子呢？"然而，与此相比，袜子在其象征性和颠覆性效果上更为激进。孩子是夫妻两人共同的孩子，这句话只有在当代平等分担家务的观念中才变得不可接受。袜子标志着女性更为明显的从属地位，它威胁着这个首次出现裂痕的男权主义帝国的古老基石。玛丽·卢特根是最早的女马车夫之一，同时也是《晨报》（*Le Matin*）的专栏作家。她在一篇文章中写道："我遇到过多少次这种简单、熟悉且可怕的反对意见。它用一句话概括了所有的抗议、愤怒和反女权主义：'那袜子呢？'我们需要特别注意这个词。从来没有人对我们说：'谁来缝补你的长筒袜？'这样一来，这个反问句将失去一半的意义和力量。袜子是有性别的：它让人联想到男人的脚。"

当女性不再在家务方面服务男性时，我们几乎不敢想象会发生什么。这种可能性引发的恐惧使人们发出了"那袜子怎么办？"的呐喊。袜子象征着存在层面的恐惧。"人们担心的是，一个进入男性专属职业的女性会渴望其他的男性特权，轻视缝补袜子等家庭义务，而这些义务将被转嫁给丈夫。如果说这种'角色和地位之间的颠倒'的幻想给了许多当时的漫画和讽刺喜剧以灵感，那么，坐在马车座位上握着缰绳的女马车夫和坐在后面的男性客人，则为这一幻想提供了直观的视觉呈现。"

1907年，当袜子还不是按照五双一包来卖的时候，男性的困扰是如何缝补袜子上的洞。"谁来缝补袜子？"现在，那个时代已经离我们远去，有洞的袜子会被直接扔掉，没有人再会被迫去缝补袜子。但在家务劳动的隐形深渊中，缝补袜子的象征性和颠覆性丝毫未变："谁来洗涤、整理和收拾袜子？"

第四章

在私人小剧场：
妻子和丈夫的袜子

让黑格尔不悦

目睹过袜子在公共场合的突发效应，以及它带着蔑视的暴力性与戏剧化的反转之后，我们将进入一个更加私密和隐秘的领域——小家庭。在这里，袜子爆发性的效果并不差，但它被压抑，并对个体自身产生反作用。因为其根源竟是一双看似无害且无足轻重的袜子，但它引发的心理伤害更令人难以忍受。通常，这场戏的主角是女性，而观众往往只有一个人，即她的丈夫。他既是这场小戏的诱因，有时也是冷漠的旁观者。但更常见的情况是根本没有观众。唯有在由袜子作为中介的自我对话中，内心的愤怒和内在的爆发才是舞台的唯一主宰。这是一个由女性主导的微小却具有爆炸性效果的小剧场。我们现在要讲述的故事是一部悲喜交加的史诗，舞台装饰很简约，只有两个角色：妻子和她丈夫的袜子（后者的角色极其有限，只是一个平淡无奇的配角）。

这个故事虽然可能让黑格尔不悦，却能让我们获得很多启示。黑格尔赞美了袜子（破洞的袜子）向自我认知的思想之光上升的过程。而我们现在要做的是走相反的路，向最深处和人们鲜少想到的地方进发。黑格尔的错误在于认为袜子随后沉入了不存在和虚无。相反，它踏入了另一种更神秘的生活，它越是消失于人类的意识之中，它的力量就越强大。这就是我们需要理解的悖论。

要理解这点是十分困难的，因为它与我们的直觉相悖。事实上，我们只能意识到自己的意识。我们为自己能够高效地反思生活中的一切事物而感到无比自豪，认为这是我们的能力。然而，这种自豪实际上是一种自欺欺人。在日常生活中，特别是在日常生活最简单的动作之中，情况却并不是这样。极少数人能够明确按照自己的意识去行动，并且大多数情况下都是因为某种缺陷（某种障碍或者遇到的问题）导致的——这是幸运的，否则生活将成为精神的地狱并变得难以为继。如果没有自主形成的引导我们进行重复性动作的自动化的能力，我们将一无是处。

这些自动化的动作并非屈指可数，而是数量庞大。它们存在于我们内心深处，只是被我们忽视了。我已经举过熨烫的例子，并描述了各种各样的方法。当我疑惑"为什么要熨烫袜子"时，人们会回答："因为就是这样！"这句话揭示了一种显而易见的真理，即在无意识中使身体动起来。在我的研究中，我曾试图评估每天在家里进行的活动中，自动化动作与由意识引导的动作的比例。这个过程并不简单，尤其是因为最常见的思考模式是一种不完全的自动化，它由一种飘浮的思绪稍加监督。但结果还是非常明显的：自动化、无须思考的动作占据了绝大多数。我们的日常行为是由我们内在的无意识的认知模式引导的。

袜子的无意识

从亚里士多德开始，有许多研究都将人们对自身的记忆作为研究对象，尤其是对习惯的哲学研究，以及皮埃尔·布尔迪厄[1]开创的习惯社会学（sociologie de l'habitus）。我本人也在一本理论著作中探讨了这个如此鲜为人知的奇异世界。认知科学也着手研究了这个课题，并提到了"认知无意识"（inconscient cognitif）和"隐含记忆"（mémoire implicite）。

在家庭环境中，这种突然的、不可预测的爆发性和暴力来自对袜子这种深层无意识的不了解。它

1　皮埃尔·布尔迪厄（1930—2002），法国当代最具国际影响力的思想大师之一，法兰西学院院士。

突然出现，令人难以理解，并从无意识的深处冒出来。它比其他家居物品更令人意外，更令人不快。例如，在厨房里，人们行为的自动化的过程并不是完美的。我们必须不断重新考虑许多因素。更不用说，在任何时候，即使是为了一顿普通的餐食，人们对更具创造性的渴望也可能在某个环节上打乱平常的计划。相比之下，袜子的理想状态则完全被忽略，永远不再浮现于人们的思绪之中，无论是整理袜子还是清洗袜子，都由纯粹的认知无意识来驱动。在家中所有的物品中，袜子处于最深、最远离意识的地方。

我们并没有意识到我们周围的物品承载着多少社会记忆。再加上个人记忆，它们就构成了我们的基本性格。我在1992年写的一本书中，试图通过夫妻的衣物来分析他们的关系。我写道："每一个动作，比如熨平内裤和乱丢的袜子，看起来似乎都微不足道。然而，社会就在其中，它存在于内裤或袜子这样的社会物品中，并定义了那些认为自己在操作它们的个体。这本书几乎可以完全用男士袜子的例子来写成。"30年后，这个项目终于成为现实，袜子从它平时的遗忘状态中被挖掘了出来。我花了很多时间来构想这个重要的研究项目。

家务的艺术就在于在处理袜子的时候尽量不想到它。袜子何时是脏的？对一些人来说，这个问题的解决方法是每次使用后或每晚把它们放进洗衣机。没有什么比定期重复同样的行为更能让人形成一种习惯。但对其他人来说，这个问题迫使他们必须做出决定，因此，人们需要进行分析和思考。更糟糕的是，她们不是为自己的袜子做决定，而是为丈夫的袜子做决定。丈夫们有个不好的习惯，那就是把袜子随意地丢在屋里的各个角落。他们承认这种态度有点随意，但实际上这是将心理负担转移给了妻子，因为这样，他们就不用去做决定了。同时，他们还避免了因为自己的决定增加妻子的家务工作而产生的负罪感（很多时候并不是他们洗袜子）。通过把袜子堆在一起或拖延决定是否将它们放入脏衣篓，他们（无意识地或有意识地）迫使妻子做出决定，从而开启了一系列反思的过程。这就是心理负担的主要来源。它由微小的思考碎片不断累积而成。

重新将袜子组成一双

所以，一切都始于是否要将袜子放进脏衣篓的决定。在这个关键时刻，还有另一个批判性分析要点：那就是著名的黑格尔式的"洞"。许多男性拒绝"思考"，他们出于各种原因试图延长袜子的使用寿命，而许多女性则不同意（不仅是针对自己的袜子，还有丈夫的袜子），她们陷入困境，不仅被迫思考是否要将袜子放进脏衣篓，还可能需要考虑是否要扔掉袜子。丈夫越是抵制，这种反思就越是重复而令人感到困扰。袜子上的小洞是那么刺眼，进而引发了思考。这样的心理负担不仅沉重而且令人不快，并且伴随着一种想争吵的欲望。

接下来的步骤是洗袜子。在通常情况下，这不会构成很大的问题。然而，很多女性在衣物分类方面有更多的标准，不仅仅根据颜色来分类。男性使用洗衣机时很少进行分类：他们将一切衣物都混在一起，并选择低温程序。[1] 有些人不会混合稍微脏和非常脏的衣物，另一些人则根据脏污的程度对衣物进行分类。

在我的调查过程中，我注意到丈夫的袜子常常因为气味太重而被剔除于平常衣物的洗涤中。玛德琳就是这样处理的。根据她的说法，她的丈夫"有着可怕的袜子，它们散落在地上，并且很难闻"。历史学家阿兰·科尔宾已经证明：气味也是社会建构的一部分；根据时代的不同，气味会有所改变；难闻的气味没有客观的定义。人们对袜子气味的厌烦可能有自己未察觉到的婚姻原因，而由此引发的厌恶可能成为心理分析师喜爱的话题。但不可否认

---

1 该信息源自2018年益索普咨询公司（Ipsos）为碧浪（Ariel）品牌所做的抽样调查：《2018年法国人的家务分担现状》。该调查取样数量为1005名18岁以上的法国人。——原注

的是，袜子可能会有很重的异味，这可能会让洗涤变得更加复杂，迫使人不得不去思考并采取特殊的处理方法。

最后，其他步骤也可能引发各种意外情况和问题，并且每次都涉及一系列造成思想负担的过程。这样看来，从洗衣机中拿出袜子是令人畏惧的。我们需要将袜子重新配对，这个小游戏一般不怎么有趣，尤其要将颜色相近而长度不一的袜子配成一双时，我们或许会陷入令人无法忍受的孤零零的袜子的谜题中。但是，事情还没有结束。你还可能会发现：即使已经洗干净了，有破洞的袜子也不怎么得体；还有一些袜子变得松松垮垮。接下来，就是在熨烫的时候，熨烫袜子的人有时可能会被怀疑困扰（这会立即让家务劳作变得更加繁重）——尤其当丈夫是第一个嘲笑你的人时。最后，整理袜子会涉及特定的分类标准。袜子被成双成对地卷成小球——这让小时候的本雅明很开心，也可以被成对混放在一个抽屉里。还有一种可能，那就是绝对的混乱，将男女袜子混在一个抽屉里；在这种情况下，心理压力就被转移到了每个使用者身上。这个过程肯定充满了头痛和情绪崩溃。

笛卡尔的错误

我们的目标始终如一：减轻心理压力，避免任何一丝疑虑上升到大脑，特别是关于尝试理性地处理问题的部分。最激进的方法是设立一个完美的自动化流程，并在其中预先设定不可动摇的明确事实。我熨烫袜子并不是因为某种特定原因，而只是简单的"因为就是这样"。但在许多情况下，做出决定是必要的，以避免身体完全不经大脑行事。它的微妙之处在于使用直觉和整体化的操作方式，简单快速，这样就能大大省去大脑思考的时间。神经心理学家安东尼奥·达马西奥在他的书《笛卡尔的错误》中证明，接收感觉的大脑部分是被激活的。使用一个或多个感官会关闭理性思考，导致人们迅速决策，使计算性思维处于休息状态。

　　只需极短暂的一瞥，人们就能在将衣物从洗衣机拿出来之后将一双袜子配好对，反应极其灵敏，就像完全的自动化一样。这个方法在重组一双红袜和一双白袜时非常有效，但在有10双色调均为灰蓝的袜子时，效率较低。每一次犹豫时，人的认知功能会提升到更开放的反思层次，论点会不断积累和相互矛盾。这通常会导致一个常见的悖论：人越是思考，决策就似乎越不清晰。达马西奥解释了在经过漫长的斟酌后，人们总是有情感冲动。这通常是微小而无意识的，它能消除所有质疑，并建立明确的行动。

　　在5种感官中，只有听觉和味觉（对于味觉我们不会抱怨）在分类袜子时对我们没有帮助。相比之下，嗅觉则被广泛地运用，特别是在决定袜子是否脏了的关键时刻。在这个问题上，有时候视觉也会提供帮助，袜子因与鞋底接触而使底部变黑或整体变软塌，这些都能提供宝贵的线索，人们通过迅速触摸织物来确认，希望不会有黏糊糊的触觉。但没有什么比闻一闻袜子更能知道袜子的情况了。

这时，袜子不再只是被遗忘的、深埋在无意识之中的存在。在集体想象中，它具有消极的象征意义，是价值感最低、被诋毁和被轻视的对象。黑格尔选择了破洞，它更为人们所接受，但也有着和袜子相同的问题。然而，黑格尔可能无法选择脏袜子来赞美"我思"——尤其是在这一观念已经被决策性的闻嗅所巧妙绕过的情况下。然而，这种做法并不是没有风险的。中国漳州一位可怜的彭姓患者就遭遇了不幸，他因为患有奇怪的肺炎而被送往医院。经过多次检查，医生们发现他的病因是真菌感染。他们一遍又一遍地询问患者，终于发现患者养成了过度闻袜子的习惯。"每天都闻穿了一整天的袜子已经让他上了瘾，正是这个习惯导致了这种疾病的发生。事实上，他是通过吸入在纤维中滞留的发芽真菌孢子而使真菌在肺部传播的。"[1]

这个案例固然极端，但我们不禁这样想：将脏袜子放入洗衣篮的决定，是否不仅会增加心理负担，而且还关乎身体健康。

---

[1] 参见https://www.maxisciences.com/maladie/un-homme-aux-urgences-apres-avoir-renifle-ses-chaussettes-sales_art42339.html.

心理负担的特质

尽管将鼻子埋进脏袜子中可能令人不快，但它恰恰体现出最重要的事情始终是降低认知压力：恶臭的气味总比令人疲惫的思考要好。女性在家庭中所承受的心理负担已经成为一个热门话题。多年来，尤其是在我的著作《心系工作：家务劳动的理论》中，我已经深入研究了它潜在的机制。这种心理负担源于女性在家务中所占据的核心地位，以及她们在监督和组织这些任务时所扮演的角色。如今，人们开始更了解这一点。但是，不太为人所知的是心理负担的多样性。实际上，我们可以从两个角度来分析。一种是定量分析，旨在评估认知饱和度，即心理负担的总体重量；另一种是更加定性地分析，区分其组成部分的特点。事实上，有些人还会增加特定的干扰，有时甚至是激烈的干扰，尤其是以下两种方式：与各种焦虑相关的内容，以及突然引发的恼怒。研究这些情绪非常重要，因为它们的影响不同于单纯的疲劳。心理负担会导致精疲力竭、情绪低落、行动效率低下，以及无力感，焦虑和恼怒则会增加压力和烦躁情绪。[1] 根据我参与的一项调查，有九成的人表示，心理负担是夫妻间冲突的原因。

我不会过多讨论焦虑问题，因为这将使我们偏离主题。在这里只需注意，现如今夫妻之间，引人注目的角色扮演已经悄然发生，并相当明显地区分了男性和女性的角色。妻子承担了大部分的家务责任，她们变成了风险的守护者，需要考虑到可能发生的所有问题——尤其是与孩子有关的问题。丈

---

1 该信息源自2018年益索普咨询公司为O2家政服务公司所做的抽样调查《法国人的心理负担》。该调查在网络上进行，有1002名18岁及以上的法国人参与。——原注

夫则倾向于朝相反的方向发展，淡化风险，并发展出一种轻松的意识形态。这种相当惊人但非常普遍的互补性角色扮演，将夫妻分为两个不同的情感世界。对于女性来说，是恐惧、阴暗的情节和颤抖。而对于男性来说，是轻松、笑声和与孩子们的玩耍。当心理负担积累了恐惧和焦虑，再加上无法与人分享自己情绪的孤独，这种负担就很容易变得比单纯的疲劳更加戏剧化。

认知失调

烦躁情绪的酝酿则截然不同。我们可能倾向于将其视为一时半会儿的小幅度情绪波动——短暂且无关紧要。事实上，它是一个重要的机制（这也解释了家务分工的不平等），而且尚未被了解——尽管它有着明确且可以被公开的运作方式。它正是袜子的小剧场中所发生的一切事情的核心。

烦躁情绪有很多种类，每天都会出现。它存在于每一对情侣身上。它是日常行动的调节器。我们之所以忽略它，是因为它不断地被压抑；只有那些突然爆发的情绪才能波及意识。烦躁情绪的根源始终相同，它基于由利昂·费斯廷格（Leon

Festinger）[1]在1957年首次研究的一个心理实验原理：认知失调。

　　这个原理非常简单。在我们必须采取行动时，我们无法接受自相矛盾，任何行动都需要统一的指导。然而，有时候会出现两种具有竞争性的模式，但这是完全不被接受的。例如，我买了一些塑料包装的火腿片，包装上写着"易于打开"，有时还附了一幅小图，以说明其所承诺的便利性。一种常见的本能驱使人们相信这个承诺，即使过去的不幸经历已经证明了事实恰恰相反。然而，实际情况是，实物可能会造反（相当频繁），无法实现这个承诺。包装越难以打开，烦躁情绪就越是上升，有时会促使人们采取野蛮的手段，以尽快达到我们所期望的打开状态。情绪的波动迫使事物与理想中的心理模式相一致，并尽量规避反思和思考。这可能导致人们对可怜的塑料包装做出一些暴力行为。

1　利昂·费斯廷格（1919—1989），美国社会心理学家，提出了认知失调论。

因此，在愤怒的第一阶段，两种竞争性的模式在同一人的体内相互对抗。然而，与火腿包装的例子不同的地方是，内心深处最常见的情况是可供参考的模式不可见，甚至是无意识的。它储存在隐含记忆的深处。我们不知道它的存在，但它每天都在影响我们。当我们看到一个不在"它"原本位置上的物体时，它便成了引发暴怒的罪魁祸首。

实际上，这个物体并没有且从未有过预先确定好的位置，是我们在漫长的社会历史和个人历史中赋予了它一个位置，而这一参照已经被记录在了无意识的认知中。不在"它"的位置上的物体承载着一种竞争性的模式，认知失调随之释放出愤怒，令身体行动起来。它的目标是消除这种干扰，并恢复最初的宁静。一堆灰尘促使我们拿起扫帚，办公室里的一堆文件突然引发了愤怒和整理的欲望。

但袜子的情况要稍微复杂一些。事实上，很少会有人因为自己的袜子而感到恼怒，最常见的情况是妻子因为丈夫的袜子而感到恼火。这时，我们面临的便不再是两个竞争性模式的对抗，理论上是四个模式的对抗。实际上，它们被简化为两个，不再是同一个人内部的对立，而是夫妻之间的对立。

很抱歉，这有些复杂，请容许我来解释一下。

这两位主角各自有一个用于定义物品的摆放位置的范式系统。在所有夫妻关系中，这两个系统通常相当对立。女性的通常更为严谨，男性的则更为宽容。在两个阵营中，物品们在无意识中的理想位置并不相同。然而，这两个系统并不会直接对抗。当女性看到一只袜子被乱扔在地上时，她会像对待火腿片的包装一样感到恼怒，并气愤地捡起袜子。丈夫则是妻子刚刚发生的内心小冲突的局外人——至少他是这么认为的。因为女性的内在范式与那只袜子发生了对抗，被乱扔在地上的袜子带来了另一种秩序，即丈夫的秩序（即使没有妻子，他也可能会稍后将袜子收拾好）。在这一刻，妻子因此遭受了双重的烦恼，一个是在她内心触发行动的烦恼，另一个是与她的丈夫相对立的烦恼，因为他引起了失序（根据她自己对秩序的定义）。尽管这两种烦恼在本质上不同，效果也不同，但它们会混合在一起。当事人有时会试图解开它们，但通常婚姻的复仇感都会被压抑住，因而只会加剧内心情绪的爆发。

这是因为丈夫的袜子在夫妻关系中具有爆炸性。

啊，你可以收拾一下你的袜子了！

袜子不是唯一的"散乱"物品，其他衣物也经常被随意堆放，虽然它们原本只是暂时被堆在一起，但这段时间往往会被延长。比较分析卧室里床两侧的情况是非常有启示意义的，根据衣物整理的伦理观念的不同，床两侧呈现出两个不同的衣服秩序世界。男性更多地具有自由主义的道德观，倾向于流动性和漫不经心。在我的调查中，当我参观住宅时，坚持这种道德观念的人经常告诉我："不要在意。在我这里，房子是活的。"的确，我见过很多有活力的房子。

特别是在年轻的单身男性身上，情况更是如此。当然，并非所有的男性都是这样的，甚至有一些男性非常"神经质"（"神经质"这个词只存在于别人的眼光中）。在男性初次独自做家务时，有时候混乱可能会威胁到秩序，普遍的情况是，男性的思想中会出现要求更高的理想情景，但他们的身体却很难产生必要的神经性冲动来实现这一理想。通常在他们的内部紧张情绪高涨时，一段新的恋爱关系会将他们从这个问题中解救出来。新伴侣会更快地被散乱的袜子激怒，她们会在袜子有机会开始移动之前，毫不犹豫地用愤怒的反射动作捡起袜子。当每个人都有自己的角色，生活就变得更加简单和轻松。当然，这对于男性来说尤其如此，他们习惯了袜子神奇般地被自动整理好，甚至不再觉得自己乱放袜子。

很多事情都会在情侣关系的最初阶段定性。未来的一部分也会在捡起第一只袜子的过程中逐渐清晰。

对立的辩证法

　　这尤其是因为袜子是一个奇怪的护旗手——它能击碎反抗的欲望。因为袜子是令人无法抗拒的，它会引发笑声，它不断地被嘲笑，并引发玩笑。作为婚姻中的敏感物件，它在社会上也沦为荒谬和被奚落的对象。"我不知道自己为什么会对他的袜子感到恼火，我们又不会因为这个而离婚。"玛蒂尔德向我们坦言。"当时，这让我很生气，但过后仔细想想，我反而觉得很好笑。"雷吉娜补充道。从愤怒到笑声，反之亦然。在这里，袜子再次揭示了其固有的矛盾特质和深刻的辩证性质：在很多情况下，它都会转化为相反的状态。令人惊讶的是，作为袜子的伟大思想家，同时也是一位有辩证思维的思想家，黑格尔没有强调袜子这一反复出现的特点。

在一句经典的语句中，我们可以找到袜子的另一个矛盾之处，却不太清楚它究竟是对谁说的。它很少采用命令式（"你给我把袜子收拾好！"），而是用虚拟语气，说话者提高音量（有时充满愤怒），不看着对方，不面对面地与其交流，眼睛紧紧盯着袜子。正在气头上的女人当然不是在对袜子发火。这句话是对着空气说的，其功能是释放愤怒。它与行动同时进行，并通过外在化积累的怨恨来促使行动。有时，雷吉娜什么都不说，只是把漫不经心丢在地上的袜子捡起来，并抑制自己的愤怒。然而，说出这句话令她感到很舒服，她觉得自己在摆脱了一种负担的同时，也（带点暴力地）表达了对丈夫的强烈愤怒。

但实际上，这完全是一次沟通上的误会，因为丈夫几乎没有听进去。这句已经听了成千上万次的话就像所有的日常对话一样，毫无意义地从他耳边滑过并且消失了。对他来说，"啊，你可以……"只是他妻子的个人意见，也许带有一点失望，但这并不能让他动手整理袜子。而且，袜子似乎经常不知不觉就被完美地整理好了。那么，为什么要努力去理解飘进耳朵的信息呢？亚尼斯和他的伴侣似乎进行了更多的交流。实际上，他们的冲突采取了简短而紧张的口头交流形式，每个人都只听自己说的话。亚尼斯非常节省，并十分关注电费账单。他对伴侣离开房间时总是不关灯感到非常恼火。于是，他大声喊道："嘿！这里不是凡尔赛宫！"她迅速回应："而你，你随意乱丢你的袜子！"每个人都留在自己的阵营里，用最令自己恼怒的事情和最喜欢的论点来回击对手。这是他们小戏剧中的重复台词，它通常以喜剧形式出现，但当不悦情绪过于强烈时，就可能会演化成悲剧。袜子并不总是能让人发笑的。

秘密的复仇

有时候，当这种情况对女性来说变得难以忍受时，"袜子战争"就开始了。佐伊说："当袜子堆积在客厅里时，气氛就开始变得紧张。"她不想再忍受内心的愤怒，并决定展开复仇。这是可怕的。在讲述她的复仇方式之前，我们需要先讨论一下在客厅里散乱的袜子。

因此，"啊，你可以收拾一下你的东西了！"，经常被替换为"啊，你可以收拾一下你的袜子了！"。除了我之前提到的原因，还有一个非常简单、客观的原因：袜子比其他衣物更容易被乱扔——特别是在客厅里。在调查时，我经常看到一个相当常见的场景。刚到家的男人高兴地走进家的怀抱，感受放松的愉悦。他坐在沙发上，脱掉鞋子和袜子，含糊地想着稍后再收拾。但是此刻，重要的是要尽可能地活在内心放松、空虚的哲学中，体验这种存在主义经历的矛盾丰富性。这种体验是如此成功，以至于他忘记了自己的袜子，也可能是因为他不想打破这份不劳而获的陶醉。然而，他的妻子并没有参与这场沉浸式的冥想体验，她只看到了一样东西：客厅里的袜子。

佐伊的行动分为循序渐进的三个阶段。起初，和所有人一样，她喊道："啊，你可以收拾一下你的袜子了！"但这并没有产生任何效果。于是，她决定不把袜子放入洗衣篮，拒绝替丈夫收拾。"我不是他的母亲！"她决定和丈夫进行理性沟通，向他详细解释和建议如何整理袜子。"他的反应？他变成了当场被抓的小男孩，边满脸愧疚地道歉边走向浴室。这让我非常恼火，因为他扮演了错误的角色。我从来没有想过要第三个孩子。"然后，她转而采取了公开的报复，程度之激烈令人难以置信。

晚上，她默默地把脏袜子收拾起来，珍藏在一个角落。第二天早上，在她的爱人来吃早餐之前，她把它们放在他的碗（空碗）里。可以想象，那杯咖啡的味道肯定非常苦涩，完全称得上是"袜子汁"。

在我进行了长达40年的关于夫妻幸福和不幸的研究中，每当恼怒的情绪开始显现，袜子几乎是无数次被提到的话题。而当人们考虑展开隐秘的（多少有点）报复来恢复心理平衡时，袜子更是频繁地出现在谈话中。袜子在夫妻关系中是一种巨大的反击武器，它是可怕的。以下是一些实例。

热纳维耶芙的丈夫模仿着投篮的动作，从远处把袜子扔进了洗衣篮。不幸的是，他经常偏离目标，但他也不去把袜子捡起来。于是，热纳维耶芙小心翼翼地把袜子放进了一个网状袋子里。"而在他妈妈也在的那天，我会拿着这个袋子穿过起居室。"她笑着说，"啊，我找到了你的脏袜子袋。"艾丝特把所有乱扔的袜子都藏在她亲爱的丈夫的枕头下，瓦莱丽把袜子藏在盥洗室的橱柜里，玛丽藏在靠近干净袜子的橱柜里，莱蒂西亚藏在垃圾桶里，克里斯泰尔藏在她丈夫的公文包里。维罗妮卡则更有趣，她故意重新搭配不同的袜子。"就像个小女孩一样！"法丽达更激进，她将洗好的袜子拆开，藏起其中一只，让她的丈夫在与孤儿袜子的无数次纠缠的精神折磨中煎熬。阿尔巴娜把她孩子的内裤和袜子混在了她丈夫的袜子抽屉里，每当他因为迟到而慌乱地拿错时，她都会开怀大笑。

将袜子用作刺激对方的武器，会给发起人带来许多快乐。

一个自我忽视的群体

无论好坏，在我们生活的时代，每个群体都会团结起来表达他们的不满，同时也始终面临遭孤立的风险。群体没有自然和永恒的定义，而是不断被重塑；一些群体形成的同时，其他的群体则可能变弱或消失。甚至还有一些潜在的群体存在，但它们没有意识到自己的存在。"丈夫袜子的受害女性"就是其中之一。只要袜子进入媒体的视线，引发大众对特定问题的关注，这个群体就会发现自己惊人的团结和活力。如果这本书有幸能够引发这样的运动，我希望能避免社群主义（communautarisme）的过激倾向，不希望以袜子的名义对丈夫发起暴力战争，从而导致更多的离婚。相反，我希望女性能让男性参与到她们的斗争中来，希望能出现收拾自己袜子的新新男性。

在过去的40年里，我注意到了这个隐秘的、互相不知道对方存在的群体。有时候，一点火花就能表明它已准备好出现在舞台上。例如，当伊利奥诺·布里奇（Eleonore Bridge）在她的"坏女人的博客"（Le blog de la méchante）上发布了一篇题为《男人和他的袜子》的精彩文章时，这篇文章得到了120条热烈的评论，每个评论者都惊喜和幸福地对此表示了认同。

当然，文章提到的第一点就是那些散乱的袜子。伊利奥诺列举了这样的证据："他总是喜欢把袜子随意地扔在家里（好吧，我承认，我也经常随便扔我的胸罩）。但无论我们是在一间小屋还是在一间单间公寓里，他乱扔袜子的方式中总带有一种挑衅的意味。有一天，他甚至敢把袜子放在我的电脑上，拜托！男人用他的袜子标记他的领地，就是这样。"

　　一大群袜子受害者回复了伊利奥诺。克拉克拉说："我的男人也有在睡前把袜子留在床脚处的毛病，而更糟糕的是，脏衣篮在旁边……就在旁边……"雅雅写道："好吧，我也加入这个俱乐部……我的男人，我亲爱的爱人，他要么把脏袜子放在客厅的桌子下（尽管他会把鞋子放得整整齐齐），要么放在床头的地板上（很常见的情况是，我发现我两岁半的女儿在玩爸爸的脏白袜子，并对我说'这是手套'）。"莫穆瓦赛尔说："啊，关于我男朋友的袜子，我能写一整本小说！它们无处不在！洗手间门背后、他的电脑桌后面。它们从沙发底下探出头来嘲笑我。我恨它们！"小S回复道："每天晚上，他都把它们留在客厅的正中央……真是疯狂。"

　　一些评论尤其强调了得知自己不再需要孤独地面对这个可怕问题的幸福感；丈夫的袜子成了社会现象，这具有（愉快的）解放效应。玛丽亚娜说："啊，谢谢！不是只有我一个人遇到这样的问题！好吧，像所有人一样，我在公寓的每个角落都能找到一些袜子。"俏艾洛写道："永恒的袜子问题……得知了我们不是个案，而是几乎所有男人都有这个毛病；我不知道这是否会让我感到更加安心。"尼萘特回复："嘿，我家的情况也一样！"潘多拉说："这……我从来没有考虑过这个问题，我以为只有我的男人是到处乱扔袜子的唯一外星人。"

至此，虽然它仍然处于可能成型的初级阶段，这个（受到袜子困扰的女性）群体已经面临着演变成本质主义群体的风险：所有男人都是一样的（滥用概括），而且他们关于袜子的习惯是不可能被改变的（自然主义的简化）。阿努什卡说："我家也是一样，所以我得出结论，所有男人都是一样的。"榛子说："你的故事让我感到安心，这一定是他们基因里的一部分。"这种想法的必然结果就是加剧敌对情绪，而起不到任何教育作用。尼萘特说："他已经掌握了把其他东西放进脏衣篮的概念，包括内裤，但袜子确实是我还在努力攻坚的领域，即使我已经找到了最佳的战略伙伴——狗狗，如果他乱扔袜子的话，狗狗随时可能对袜子发起攻击并和它们一起玩耍（而且不会被气味吓到）！"

超越了"我思"的破洞袜子

　　第二个能强烈引起恼怒的场景与破洞袜子有关。对于黑格尔来说，破洞袜子引发了"我思"。但一项关于男性在家庭中的行为的具体调查表明，实际上，这种"我思"常常很弱，因为男人会表现出很强的容忍度和适应能力，并不太关心袜子上的破洞。然而，这个破洞却在伴侣们的大脑中引发了闪电般的情感，绝不是冷静而认真的"我思"。这是情感上的闪现，甚至可能会变得无法控制。伊利奥诺发起了攻击："最后还有一些生还者：那些满是破洞的肮脏袜子。他保存着它们并对它们充满了爱意。当我命令他扔掉时，就仿佛我提出的要求是要他去折磨拉布拉多幼犬……他似乎认为保护袜子是他的责任，因为他还会领养袜子：我曾经看到他把他兄弟要扔掉的一袋旧袜子拿回家。因此，他的衣柜里有一个袜子坟墓。他把它们藏得很好，因为他知道：如果我找到它们，我一定会一口气把它们全部扔掉！"

评论区又一次达成了一致。火花表示："我看我们都遇到了同样的问题！我在与破洞袜子作战。我看到袜子的破洞时会对他说'你说过你会把它们扔掉'，他总是（违心地）回答：'噢，但在我看来，这个洞刚刚才出现，早上我还没有看到。'"当可怜的受害者遇到一个顽固的袜子破坏者时，情况显然会更糟。诺埃米说："面对敌人，我感觉自己就像堂吉诃德：破洞袜子刚刚被新袜子换下，我以为自己终于可以享受胜利了；但并不是！新的袜子已经有破洞了，一切都需要重新开始！"

许多夫妻经常会就丈夫破了洞的袜子展开讨论。这时，两种世界观就会发生冲突。面对丈夫的保守派理念、节俭和环境保护主义哲学，妻子只梦想着革命，并像《国际歌》中唱的那样，要将过去一笔勾销。看到破洞后，她无法控制地想扔掉袜子。有些人试图晓之以理，进行长时间的讨论，并萌生了近乎贿赂的巧妙策略。这时，她们就会一直将新袜子作为礼物，目的是换取旧袜子的消失。但有时候丈夫接受了礼物，却不会放弃旧袜子。结果，抽屉里装满了极难整理的东西。安妮每年组织两次"袜子会议"。她会订购自己最喜欢的"卡尔文·克雷恩"品牌的"满满一箱袜子"。"收到货物以后，我们拿起他装袜子的盒子，这时我总是毫不留情：我们检查每一双袜子，有破洞的必须离开，为新袜子腾出位置。收到新袜子的兴奋可以稍微减轻一些扔袜子的痛苦，这很奏效，但他不能看到我把它们扔掉的时刻。"

其他被激怒的女性无法克制自己对破洞袜子的暴力行为。看看网友"泼妇"（她所描述的事实可能不完全客观，但她夸张的语言足以表现她的愤怒程度）的自述："有一天，我故意在一双至少穿了

10年的旧袜子上，刻意扩大了一个大得像得克萨斯州的破洞。他当时脸色铁青。"艾玛没有扩大袜子的破洞，但她大声尖叫。必须说，她家里有一个"感性得什么都要说一句的家伙"，他为每一只受到威胁的袜子辩护。"你别想了！这些是我和你一起在纽约的21世纪百货公司买的。"当感觉到妻子的怒火即将爆发时，"他就把它们带去存放在他妈妈家里"。

袜子的位置[1]

除了被乱扔的袜子和破了洞的袜子之外，还有许多其他情况也会引起不满。例如，白色运动袜（除了时尚或品味的问题之外），可能会在洗涤方面带来严重的问题。白色通常很难恢复成完全洁白的样子，网球场的红色泥土污渍或鞋底下的顽固痕迹都会引发轻微但令人不悦的潜在烦恼。

大多数时候，这些恼怒都是由于两种不同的物品处理和整理系统之间的冲突引起的。由于两个人接触的是同一个物品，尤其是以无意识的方式接

---

1 这句话借用了克里斯蒂安·马拉齐的著作《袜子的位置》（La Place des chaussettes）的书名。这是一个很好的书名。然而，就像大多数情况一样，这本书中的袜子只是作为一种爆发性效应被提及（在寥寥几行之后便消失了）。——原注

触，他们就必须就其处理方式和放置的位置达成一致，否则就可能会引发认知失调，从而引起不悦的情绪。

就拿把袜子翻过来这件事来说吧。对一些夫妻来说，这个问题很好解决，因为他们从不把袜子翻过来。但很多时候，一些女性（在洗涤方式上要求比男性更高）在把衣物放入洗衣机之前会将它们翻转过来，以保护衣物的纤维并避免袜子起毛球。她们要么接受这种额外的家务负担（在清洗前翻转，洗完后再翻回原来的状态以进行收纳），要么由于丈夫的漠不关心和不情不愿而引起不悦的情绪（为他辩解一句，值得一提的是，他的理想方案中并没有考虑过将衣物翻过来这个可能性；但是我必须指责他的是，他完全满足于在这个问题上置身事外）。

请看看苏菲是如何陷入一连串的不悦和小报复中的。"他也把可怜的袜子丢得到处都是。还有一件事让我非常烦恼（我负责洗衣服）：他未把袜子翻过来就放进洗衣篮里！有一天，我受够了把袜子翻过来（在放回衣橱之前要先洗干净）。所以，我不再把任何东西翻过来，我在它们翻转的状态下收纳起来……"也许有必要解释一下，当她开始洗衣服时，她的习惯并没有改变，她依然会把它们翻过来，这已经深深刻在她的脑海中，无法改变；在她的抗争中，她在衣服洗干净后不再将它们翻过来，而是直接收纳起来。

但她的伴侣是否会注意到他的袜子总是翻过来的呢？如果不是这样，他很可能会直接这样穿着，也会这样把它们放进洗衣机里。如果是这样，苏菲该如何处理呢？已经是翻过来的袜子需要再次翻过来后再投入洗衣机吗？或者，由于袜子的反面被用作了正面，是否需要再次将其翻过来？我担心苏菲的小报复可能并不会给她带来内心的宁静。

翻转袜子只是整理袜子的众多步骤之一。在每个处理阶段（脏衣服堆、洗涤晾干、等待熨烫的干净衣服堆，最后把袜子放在盒子、抽屉、"袜子的专属角落"等地方），它们都会带来各种可能性。
晾晒袜子时，袜子可能是随意摆放的，也可能是成
双的，干净的衣服堆可能是杂乱无章的，也可能是
预先整理过的。这一系列特定的位置通常对丈夫
而言不太重要，但它们都通向一个最终位置，即等
待未来使用时存放的地方。这些临时位置由嵌入在
无意识认知中的内在记忆所决定。一旦有一点闪失
（经典情况是丢失了成双袜子中的一只），认知失
调首先引发烦恼，如果问题得不到解决，反思思维
就会开始运作，心理负担也会因此而加重。

大多数时候，恼怒和承受心理负担的片刻只是
女性关心的事情——她们需要与丈夫的袜子独处。
只有在小冲突爆发时，这个问题才会延伸到夫妻关
系中，例如当袜子被乱扔或出现破损，或者两人在
袜子最终放置的位置上有分歧时。当丈夫有时稍微
带点急躁地说出类似"我的红袜子在哪里？"这样
的话时，一些值得我们注意的重要事件便发生了。

在夫妻不平等的家务分工背景下，只有妻子知

道也许红袜子正在洗衣机里转动，所以丈夫问的问题是合理的。在这一刻，妻子可能会短暂而直观地意识到这种家务分工的不公平，尤其是因此产生的心理负担：她需要时刻记住（即使这在潜意识中通常被压抑着）袜子的位置。在这里，我们并不讨论儿童的袜子，只讨论特定个体的袜子：她丈夫的袜子。当袜子不在洗衣机里时，而是在"它"该在的地方，即抽屉里，问题就变得具有爆炸性了。这个问题对于丈夫来说并不重要，因为只要稍加努力，他就很可能自己找得到。丈夫在妻子身上获得的婚姻舒适感是，他可以依靠妻子：她比他更了解他的袜子在哪里。

我在1992年的书《婚姻经营》中写道："女性对袜子摆放位置的想法并非偶然：它来自一个潜藏已久的历史，这个微小的动作蕴含着无数的分类。"我得出了以下结论："我们这个时代的一些重要问题，比如男女平等，与最简单的动作有着密切的关系。这就是为什么这本详细的民族志学著作也是一本非常具有政治性的书。"在夫妻关系中，没有什么比丈夫的袜子更具政治性了，而且这不仅仅涉及夫妻关系的内核。

从职业角度来看，在家政领域有许多女性，她们主要整理由男性造成的混乱场面。当她们清洁一间酒店客房时，男性客人和女性客人之间的区别非常明显。社会学家玛丽亚·贝尔纳德特·费雷拉·德·马塞多在一项调查中得出了这个结论："当客人是男性时，清洁的任务会更加繁重。在客房中，衬衫、袜子、腰带、睡衣被乱放甚至被扔在地上，女性客人的客房则很少出现这种混乱场面。"她们对需要整理男性的袜子丝毫不感到惊讶。"对这些女性来说，这是一种熟悉的工作，因为她们认为这和家里的情况一样：她们需要在家里收拾袜子、鞋子和毛巾。她们在家里也是这样做的。"那些散落的袜子实际上揭示了女性和男性之间的不平等。

一些女性自己增加了她们所承受的心理负担：

她们负责为丈夫购买袜子，或者在旅行前预备需要放在行李箱里的袜子。相反，我们不能将所有男性一概而论，实际上也有非常讲究整理袜子，或者无情扔掉破损袜子的男人。每对夫妻都是一个独特的文化世界，它将构成它的两个世界对立和结合在一起。不同国家之间也存在明显的差异。在欧洲，购买丈夫袜子的女性主要来自英国和奥地利，瑞士女性和法国女性则主要承受着与分类有关的心理负担，因为她们的丈夫很少把袜子放到洗衣机里（瑞士人实在让人惊讶，因为他们给我们树立了更高的清洁标准）。意大利女性的境况是最好的，因为她们家里的袜子更换非常频繁，她们经常购买新袜子并扔掉旧的袜子。相反，德国人喜欢囤东西，他们购买很多东西，却很少扔东西。这就导致他们的抽屉里平均有24双袜子，而这也是欧洲家庭里的最高纪录。[1]

---

1 捷孚凯瑞士公司（GFK Suisse）为黑袜子网店（BlackSocks）所做的调查报告《欧洲人的袜子真相》。该调查共收集了3000份样本。

二者成双

除了随处乱放的袜子或明显有洞却仍然不肯进垃圾桶的袜子，最常见的烦恼源头是让人讨厌的袜子配对问题。如果袜子不需要成双出现，管理它们将简单得多。然而，在每一个阶段，从最开始的杂乱一堆，到当它们不再"堆"在一起，而其中一只半路失踪时，女性就必须化身为福尔摩斯，以找回失踪的袜子。

袜子永远不能与其另一半分离的观念深深地根植在我们这个时代的信仰之中，并被视为不容置疑的真理。即使稍微偏离，也会引发困扰。在公共场合，人们的目光会立刻被不成双的袜子吸引，比如伯特曼教授不成双的袜子就引发了约翰·贝尔对现

实性质的许多理论推测。在私人场合，一旦袜子彼
此分离，烦恼就会由此产生；一只袜子能够自由地
过自己的生活，这绝对是不可想象的。举个极端的
例子，一种遗传异常使人们无法分辨颜色。我们可
能会认为在这种情况下，袜子必须成双的规定可能
会被打破。然而，事实却并非如此！色盲者发明了
一种策略（用别针固定成双的袜子），以确保这一
神圣的信仰不会受到挑战。在个人自由不断增长的
时代，袜子却仍然不能获得解放。

孤儿袜子的悲剧

　　这个规范为家务处理阶段增添了许多烦恼，当一只袜子不知何故消失时，我们首先会产生负面情绪，然后是思考和心理负担：务必立刻找回它。我们开始搜索，数次把洗衣篮倒过来，在房子里搜索一圈。但它到底在哪里？它的消失究竟有何秘密？有时候，一只袜子掉到用来晾晒它的暖气片后面，另一只被某个恋袜癖者偷走，最后一只在一个大风天离开了晾衣绳，永远地消失了。这让不幸的家庭主妇陷入了无尽的猜测，试图解开这个谜团。然而，最关键的时刻是袜子从洗衣机里被拿出来时，因为这样的经历太多了。家庭主妇和往常一样痛苦地把袜子重新配对好之后，她难过地发现一只袜子

被它的伴侣残酷地遗弃了，因此成了孤家寡人，被
迫离婚，或者暂时单身——我们甚至不知道它的确
切处境。

在所有与袜子有关的烦恼中，有一种情况是如
此特别和容易甄别，以至于它甚至被赋予了一个名
字，并且已经成了常用的表达：孤儿袜子之谜。这
个称呼并不太准确，因为实际上袜子是被遗弃的，
而不是孤儿。但所有人都立刻理解了这个表达。它
很好地表现了突然的孤独、害怕与不解，仿佛晦暗
的命运劫持了袜子，也同样劫持了家庭主妇。

与广义上的袜子相比，被称为孤儿的袜子在
激怒人们和占据人们思维空间时，具有更大的爆发
力（人们无法思考其他事情），而且在公共和媒体
舞台上也占据了更大的位置。只需提及这个表达，
就会搅动空气中的电荷，并激发人们希望将其置于
头条新闻的渴望。因此，当一些图书将其作为书
名或在引言部分以孤儿袜子为例，但在后面却并没
有详细谈论它，或者其他人以此为借口编织古怪的

虚构故事时，我们并不会对此感到意外。[1]比如：
玛丽·瓦雷尔（Marie Vareille）在她的《孤儿袜
子的美好生活》（*La Vie rêvée des chaussettes
orphelines*）中塑造了一个古怪的CEO（首席执行
官）形象，其初创公司的目标是将世界各地的孤儿
袜子重新联合起来。特别是儿童文学，对孤儿袜子
充满了想象力。吉利安·约翰逊（Gillian Johnson）
在《失落的袜子》（*The Lost Sock*）中暗示：洗衣
机后面的洞会把孤儿们的孪生姐妹[2]传送到丢失了的
袜子所在的一个星球上。

孤儿袜子所引发的认知混乱是沉重的，它包含
各种各样的内容，它们混杂在一起后就更加剧了认
知失调。情感和思想互相矛盾并到处制造混乱：烦

---

1 比如约瑟琳·玛努利（Josselin Manoury）于2012年出版的小说《袜子在
哪里》（*Où sont les chaussettes*），它实际上是一部色情小说集。——原注
2 我们太过经常用"孤儿袜子"来指代那只消失的袜子。这是一个错
误，因为剩下的那只袜子孤独而困惑，它是真正的孤儿。更不用说我们
应该使用"丧偶"或"离异"的说法。但这些混淆表述并不重要，因为每
个人都立刻明白了这一表述的意思，想指出这个问题（并解决它）的渴
望太强烈了。——原注

恼、强迫性的动作、冷静的思考或观察、几乎带神
秘色彩的怀疑，有时候还伴有笑声，但这种情况很
少，或稍后才会出现。因为此刻，恼怒和不解会使
人陷入千百种痛苦之中。

面对谜题的科学

　　笑声经常出现在我们（或快或慢地）找到失踪的袜子时。袜子可能蜷缩在被子套的褶皱中，或者只是滞留在洗衣机的角落里。袜子的隐藏地点和失踪原因越是离奇（孩子将其与玩偶混淆，丈夫将其用于擦拭电脑屏幕），袜子的失而复得就越是能为向众人宣告的故事或者发布在社交媒体上的趣事提供素材，这样也放大了孤儿袜子的传奇色彩。但失而复得的袜子只是真正的孤儿袜子的影子。孤儿袜子永远消失并充斥着神秘感，它的神秘使它的传奇进入了另一个维度。如果只有少数几只袜子失踪，客观分析可能会合理地援引各种随机因素。但情况并非如此，因为袜子的逃逸是大规模的。

在我参与过的一项调查中，近一半的人声称曾经遇到过这个问题（它排在未清空的口袋后面，但远远领先于衣物缩水或褪色的问题）。心理学家西蒙·摩尔（Simon Moore）和统计学家杰夫·埃利斯（Geoff Ellis）在英国进行的一项研究调查了2000名受访者，并测算了这一现象的规模。受访者平均每个月会丢失1.3只袜子，一生中丢失的袜子量可高达1264只。对于整个英国来说，每个月有8400万只袜子失踪，一年下来就是10亿只！这些数字（需要进一步验证[1]）令人眩晕。

这个问题规模是如此之大，以至于它无法不引起最伟大的科学家们的兴趣。正如我们之前所见，约翰·贝尔和伯特尔曼教授的例子说明了袜子，特

---

1 我当然不能怀疑同行们的科学诚信。然而，方法学上的偏差可能影响了他们的研究结果。特别需要验证的是，在被统计为"孤儿"的袜子中，是否包含了一些可能只是暂时失踪的袜子——它们的数量可能相当可观。如果是这样，那么这些数字反映的是袜子失踪的情况，而不是袜子永久丢失的情况。这一混淆是常见的，因为在失踪时，人们无法区分这两种情况，很容易把失踪的袜子定性为神秘的永远消失的袜子。况且，在袜子失踪几周甚至几个月后又被找到的情况并不少见。——原注

别是成双出现的袜子，已经成了量子物理学的研究对象。顶级的理论物理学家不可能忽视孤儿袜子这个引人注目的问题。就连史蒂芬·霍金也曾探讨过这个问题。[1] 当然，这位伟大的研究者和幽默家在他的言辞中经常留下悬念——尤其是当他说黑洞是我们在黑袜子的末端找到的东西时。无疑，袜子是一个让人忍不住发笑的话题！但玩笑过后，我们怎么能不试图在吞没粒子的黑洞理论与孤儿袜子的神秘之间建立一种联系呢？

在计算了袜子失踪的规模后，西蒙·摩尔和杰夫·埃利斯决定动用他们的方程式和算法的力量来解决这个谜团。这个谜团在家庭预算方面也是非常令人担忧的（尽管袜子的价格现在相对较低，但他们估计袜子的丢失会在人的一生中带来2500英镑的额外开销）。也许是因为他们梦想着能获得诺贝尔

1　以下是他在一本科普漫画中的言论：“由于量子涨落，微小的虚拟黑洞会出现……也许这就是我们会找到所有孤儿袜子的地方。”见吉姆·奥塔维亚尼（Jim Ottaviani）和利兰德·迈里克（Leland Myrick）2019年出版的书。——原注

奖，他们成功地创造出了一个"袜子丢失指数"。
以下是其公式：

$$[L(p \cdot f) + C(t \cdot s)] - (P \cdot A)$$

也许在这里应该停下我的解释，并在数学的抽象性中找到一些安慰，因为它给人一种科学可以解开所有谜团的感觉。但这将是不诚实的。科学记者玛丽-塞丽娜·雷（Marie-Céline Ray）详细解释了这个方程的内容。"L代表每次洗涤的规模（家中人数乘以每周洗涤次数的乘积）。C表示洗涤的复杂性；其公式为：$t \cdot s$，其中t是一周内不同类型的洗涤次数之和（白色和彩色），s是一周内洗涤的袜子数量。P是一个1到5的量度，表示洗衣服的人的积极性：1表示他/她讨厌洗涤，5表示这个人非常喜欢洗涤。A是注意力，它涉及洗涤的人是否会检查口袋、是否会将衣物翻到适合洗涤的那一面，或者是否会在洗涤前展开袜子。"

　　最终的结论呢？家中的洗涤量越大，袜子成为孤儿的可能性就越大。可以说，我们对袜子消失的原因一无所知。谜团依然存在。我不会妄想能在这个公式里找到解决这个问题的方法。

　　这或许也不是件坏事。袜子经常受到轻视、贬低、嘲笑（即便在最好的情况下袜子也被认为是微不足道的），令我感到欣慰的是，勇敢的袜子能够挑战科学，并成为传奇物件。实际上，在儿童文学中，袜子的形象常是这样的：充满着童真、喜悦、惊喜和友善。袜子可能拥有完全不同的生活——更温柔、宽容和积极的生活。这也适用于那些经常感到恼火的女性。

意外的盟友

　　女性也要穿袜子。然而，她们情绪爆发和精神疲劳的罪魁祸首不是她们自己的袜子，而是她们丈夫的袜子。她们自己的袜子很少占据她们的思绪。有时候，它们会成为她们温暖而亲切的盟友，治愈脆弱，或者启发宏大的冒险。欢迎来到女性的袜子盟友世界。

　　我们首先来看看袜子是如何治愈脆弱的，即袜子疗法。在我对夫妻床上发生的一切事情（不包括性生活）进行的一项调查中，我注意到了一个令人相当震惊的事实：许多女性在上床睡觉时会感到脚冷。许多男性则正好相反，他们感到很热，因此一些女性会利用自己的丈夫来温暖脚部。这促使我将这一现象称为"男人暖水袋"。但因为夫妻上床睡觉的时间不总是同步，有些女性则采用了一种更简单的方法，那就是穿上一双袜子。这些袜子通常已经穿了很长时间，所以可能有些陈旧，却美妙舒适，能很好地将脚包裹住。在入睡时，穿上它们已经成为一种能带来微小愉悦的仪式。

有一种在白天使用的袜子，和这些睡前袜子十分相似，虽然它的象征意义截然不同，但也能给人带来微小的愉悦。我在一项关于单身女性的调查中注意到了它。独自生活有其困难时刻（尤其是晚上在床上感受到攻击脚部的寒冷与孤独时），但也有它的伟大之处，它的自由和欢愉，是对几个世纪以来的女性从属地位的报复。自主和自由的感觉令人振奋，并通过微小但具有强烈意义的仪式被身体感受和实现。在地毯上或床上吃一顿便餐，无论一天的哪个时间都可以随时吃一块巧克力，星期天睡懒觉。至于袜子，是这样的：厚厚的羊毛袜套在脚踝上，可以代替拖鞋。以克劳迪娅为例："如果想度过悠闲的时光，你可以用整个周末来读书，穿着米奇图案的T恤和厚袜子。你可以用饼干代替一餐饭，和最好的朋友通两个小时电话。总之，这些小幸福是很难割舍的。"女性的袜子可以成为幸福和自由的象征。

被隔离的袜子

　　新型冠状病毒感染疫情和连续的隔离所带来的痛苦经历不仅引起了强烈的心理痛苦，还引发了一个真正的人类学变革（或者更准确地说是加速了一个已经开始的变革），那就是人们对恬静松弛和短暂避世的生活的向往，而这一切得益于人们被或多或少被动承受的退守态度吸引，以及重新发现赋予生活意义的动作。在这个把我们推向柔和、松弛和柔软态度的特殊时期，我们的着装方式（这涉及的不仅是时尚）已经发生了深刻的变化，"家居服"风头正劲，其宗旨是让身体在衣物中感到舒适，并将其视为第二层皮肤。

　　"穿上运动裤、带毛绒内衬的卫衣、三层厚

的袜子，一天就可以开始了。是周末开始了吗？不。是分手后情绪低落吗？也不是。在新型冠状病毒感染疫情时代，这套装备是职场人的新制服。"我们正在目睹一些几年前甚至都无法想象的场景。"'我看到有人穿着袜子穿过办公室去其他部门。'巴吞鲁日（路易斯安那州）的记者迪安娜·纳维森回忆道。"[1]单身女性不再是为袜子构想新荣耀的唯一群体，何况这种隐秘的愉悦越来越不再隐秘，因为它越来越不再令人羞愧；在 Instagram 上，一些网红热衷于分享她们"酷"和"时髦"的袜子。时尚连锁品牌Zara甚至推出了"一系列融合了蕾丝内衣、棉质睡裤和羊绒袜子的精致内衣系列"。

家居服的潮流往往带有一丝怀旧的气息和复古的情怀。在当下激进女权主义的浪潮下，这种

---

1 参见https://www.nouvelobs.com/topnews/20210219.AFP5700/moins-stricte-plus-confortable-latenue-de-travail-transformee-par-la-pandemie.html.

对过去的关注也解释了编织衣物十分矛盾但引人注目的**复兴**。就像人们重新学习在家里自制发酵面包的古老乐趣一样，缓慢编织的毛衣唤醒了炉火旁的幻想，而且与环保主义相契合，毛衣，或者是更容易制作的袜子。拉鲁在她的博客中解释道："在过去的几个月里，我主要编织的是袜子。当我在实习时，这是一个理想的活动。它相对快速，而且可以随身携带。早上上班前织几行，晚上放松时再织几行。这太完美了。在过去的几周里，最重要的是它让人没有任何头脑负担。"这真不可思议！一只袜子竟能让大脑放空，这与丈夫的袜子完全相反，后者引发的是不满和心理负担；袜子再次变成了它的反面。"这些袜子给我带来了巨大的益处，这是无可厚非的编织疗法。"

这股复古的潮流会把我们带到何处呢？女性会放弃征服工作，并开始重新缝补袜子吗？在我的各种调查中，我发现这种古老的做法仍然存在，甚至在一对年轻夫妇中也是如此。安妮为了让帕特参与家务付出了许多绝望的努力。她构想了一系列巧妙的策略，让帕特坐在熨衣板旁。但帕特的积极性很低，她感到他很容易放弃这项任务。因此，她不得不一直鼓舞他，坐在他旁边，直到他熨平最后一件T恤。在这段时间里，她不知道该如何打发时间，于是拿起了一只有洞的袜子。然后，她找到了祖母用于织补袜子的木蛋，开始缝补袜子。从那时起，她会收集每一只有洞的袜子，来陪伴她努力的丈夫。

然而，一位年轻女性重新缝补袜子并不能引领一股潮流。此外，这种情况非常特殊。安妮是在女权主义战略的框架下想出了这一策略。如果帕特不开始熨衣服，她绝不会去补袜子。针织可以融入休闲和环保的时尚伦理，缝补袜子则相反，因为它只能承载一种象征，即女性的服从。很难想象缝补袜子的情况会卷土重来。乱扔的袜子和孤儿袜子已经足以引发令人不悦的情绪，还会加重心理负担。

我怎么强调都不为过，袜子的问题关乎女性解放的未来。

结　语

　　我们逆向思考了黑格尔关于"我思/破洞袜子"的辩证直觉，而这使我们走向了相反的方向，它通向深层无意识所隐藏的秘密。在这里，我们发现了一个充满惊喜的秘密世界。在公共领域，袜子的理想是隐于平凡、不在社会中显现或几乎隐身，它只有在一些突发事件中才会受到干扰，而且这些突发事件会迅速被遗忘或被笑声掩盖。相反，在家中，突发事件是持续不断的，并不断引发不快、心理压力和小的夫妻冲突；袜子毒害着人们的生活。

　　为什么我们应该在毫不反抗的情况下忍受这种诅咒？难道不应该做一些尝试吗？我是研究员，不是政治家，我常常犹豫是否要跳出我的保留意见。

根据社会学家马克斯·韦伯（Max Weber）的教导，科学家应当不容置疑地保持中立。但面对问题的紧迫性，也因为我意识到似乎没有人能够意识到袜子给我们带来的困扰程度，我决定提出一种行动方案，一种袜子政策。

因此，我想在这里向法国人民致辞。

但在起草时，我意识到自己可能还没有准备好投身政治生活，因为我的提议既包含了温和改良主义的建议，又融合了一个更简单而大胆激进、带有颠覆性的想法。以下是我的思考。

这个中庸方案可以用两条条款来概括。

第一条

乱扔的袜子。有必要教育男性更好地整理他们的袜子，特别是教他们不要把袜子扔在各种角落或客厅里。同时，也要教育他们不要再问"你把我的红袜子放到哪里了？"这样的问题。

第二条

破了洞的袜子。破洞袜子的问题不能等同于乱扔袜子的问题，因为它涉及两种各自合理的生活哲学（男人通常会承认他们乱扔袜子，但他们会为破了洞的袜子辩护）。

因此，应该争取协商的时间，本着开放和相互理解的精神来达成共识。一方应当同意牺牲一些破洞袜子；另一方则可以允许一些看起来已经很破旧的袜子继续存在。重要的是要避免冲突，并通过将差异编织在一起来建构新的夫妻文化。

需要承认，这个计划确实相当保守，它并不能应对目前的局势。经过深思熟虑，我更倾向于激进的方案。这项战斗将很艰苦，但我们不应该害怕。人们常常批评革命者对世界的看法过于简单。的确，我的核心思想非常简单：要解决大部分有关袜子的问题，只需废除袜子必须成双的规定！

为什么袜子一定要成双？令人惊讶的是，这

种禁令、规范、信仰和强制在我们的头脑中根深
蒂固。即使是最轻微的偏差也会立即遭到白眼和嘲
讽，促使人们重新回到规范之中。然而，在我们这
个时代，这种纯粹的社会约定已经没有了任何合理
存在的理由。

过去，情况可能有所不同，因为当时的服装与
传统相关，并具有特定的功能。人靠衣装，原创几
乎不被允许，规则严格且重复。随着20世纪60年
代开始的个体自治的重要历史运动，人与服装的关
系发生了逆转。每个人，至少在理论上，都有权利
（几乎是义务）根据自己的想法打扮，以塑造自己
的外观和形象。这种创造力充满了对自由和灵活性
的渴望（家居服就是一个很好的例子），逐渐使正
装和领带失去了光环，增加了一些颜色和独特的元
素。但袜子是例外，它们不得不无条件地继续与它
们的伴侣在一起。

我相信这是一个过时的观念，它之所以仍然存
在，仅仅是因为我们尚未意识到它已经过时了。几

年后，当我的革命呼声被听到并产生影响时，人们
将想知道我们现下的生活是如何的：我们痛苦地被
迫重新将袜子配对，只是因为我们认为我们需要将
它们重新配对，因为我们受到了规定的压制并相信
这是一项神圣的职责。

我们当时缺乏对一个愚蠢且过时的约定进行客
观性批判的能力，这在后来理应引发一场大规模的
辩论，而这场辩论会成为对我们过去的天真和对日
常屈从的一种回顾。但我认为这场辩论不会发生，
我们将继续笑着（当涉及袜子时总是如此），我们
会互相讲述旧时代家庭的复杂情况所创造的滑稽场
景。为了不再为袜子烦恼，并尽快笑对自己，我们
需要迫切行动。

因此，以下是我提出的让我们明天的生活更好
的宣言："自由袜子万岁！"

自由袜子万岁！

打破袜子必须成双的规定不仅在道德上有其必

要性，也是一种紧迫的社会需求，有很多理由能证明这一观点。

第一，在处理家务时重新配对袜子，这正是造成许多烦恼和心理压力的原因之一。打破这种规定将使生活更加轻松，精神更加稳定，家庭关系更加和谐。

第二，袜子丢失的困扰几乎能完全被解决，只剩下遗失袜子的损失。我们不再需要不断寻找失踪的袜子，单独的袜子也可以继续使用，从而避免被扔掉。这将在心理和财务上带来可观的收益。

第三，从财务角度来看，废除成双的袜子将为家庭预算节省一笔可观的开支，因为在另一只袜子出现问题（如破洞、污渍等）时，原本还能使用的袜子将不再被扔掉。

第四，此外，与破洞袜子有关的争吵可能会减少，因为丈夫们经常会为了挽救那只本应继续存在的袜子而坚持不懈。

第五，在重新缝补袜子的浪潮几乎不可能回溯的情况下，废除成双的袜子将有助于加速我们社会所需的生态转型。打破袜子成双的规定对改善气候和保护地球都有帮助。目前，大规模地丢弃完好无损的袜子是一种难以被原谅的道德过失。我敢说，这对地球来说是一桩罪行。仅仅出于这个原因，我认为法国人民也应该响应我的号召。

第六，最后一点实际上比它看起来更重要。人们常常要求女性为了争取女性解放而付出很多努力，男性则更多的是旁观者，（最多只是）满足于在一旁鼓掌。但在这里，男性能主动参与这项行动，他们将率先发起这场运动，因为他们有勇气穿着不搭配的袜子。这是为了所有人的自由，尤其是女性的自由。

所以，是时候采取行动了。

解放袜子的斗争可以采取两种相当不同的方式。我们可以想象推出一种新的时尚，一种考究、时髦的风格，色彩的组合经过精心研究。但这种情况的风险是它可能引发另一种类型的精神负担和社会身份的区别，而这将不会是一种解放。因此，我更倾向于选择真正的革命，即选择随机组合：从袜子抽屉中拿出任意的袜子，不经过思考，随意选择。这种无所谓的态度反映了我们需要开展的斗争的激进性：我们必须坚定、坚决地解放袜子！

男士们，不要害怕，要敢于尝试！为了让未来的世界更美好、更少压力、更少疲劳、更环保，大胆地打破古老的教条。您的勇气会让您的妻子受益，通过袜子传递的这份礼物会直接触动她的心灵。

自由的袜子万岁！